L&PMPOCKETENCYCLOPAEDIA

Maquiavel

Série **L&PM**POCKET**ENCYCLOPAEDIA**

Alexandre, o Grande – Pierre Briant
Budismo – Claude B. Levenson
Cabala – Roland Goetschel
Capitalismo – Claude Jessua
Cleópatra – Christian-Georges Schwentzel
A crise de 1929 – Bernard Gazier
Cruzadas – Cécile Morrisson
Economia: 100 palavras-chave – Jean-Paul Betbèze
Egito Antigo – Sophie Desplancques
Escrita chinesa – Viviane Alleton
Existencialismo – Jacques Colette
Geração Beat – Claudio Willer
Guerra da Secessão – Farid Ameur
Império Romano – Patrick Le Roux
Impressionismo – Dominique Lobstein
Islã – Paul Balta
Jesus – Charles Perrot
Lincoln – Allen C. Guelzo
Maquiavel – Quentin Skinner
Marxismo – Henri Lefebvre
Mitologia grega – Pierre Grimal
Nietzsche – Jean Granier
Paris: uma história – Yvan Combeau
Primeira Guerra Mundial – Michael Howard
Revolução Francesa – Frédéric Bluche, Stéphane Rials e Jean Tulard
Santos Dumont – Alcy Cheuiche
Sigmund Freud – Edson Sousa e Paulo Endo
Tragédias gregas – Pascal Thiercy
Vinho – Jean-François Gautier

Quentin Skinner

Maquiavel

Tradução de Denise Bottmann

www.lpm.com.br

Coleção **L&PM** POCKET, vol. 896

Quentin Skinner é professor de História Moderna na Universidade de Cambridge e membro do Christ College. Seus inúmeros livros, traduzidos para várias línguas, incluem *As fundações do pensamento político moderno* (Cia. das Letras, 1996), que ganhou o Wolfson Literary Prize em 1979, *Razão e retórica na filosofia de Hobbes* (Unesp, 1999) e *Liberdade antes do liberalismo* (Unesp, 1999).

Texto de acordo com a nova ortografia.

Título original: *Machiavelli*

Primeira edição na Coleção **L&PM** POCKET: setembro de 2010

Tradução: Denise Bottmann
Capa: Nicolau Maquiavel, pintura de autor desconhecido (século XVI). Nimatallah/Akg-Images/Latinstock
Preparação: Patrícia Yurgel
Revisão: Patrícia Rocha

CIP-Brasil. Catalogação-na-Fonte
Sindicato Nacional dos Editores de Livros, RJ

S639m

Skinner, Quentin, 1940-
  Maquiavel / Quentin Skinner; tradução de Denise Bottmann. – Porto Alegre, RS: L&PM, 2010.
  144p. : il. – (L&PM POCKET ENCYCLOPAEDIA; v. 896)

  Tradução de: *Machiavelli*
  Apêndice
  Inclui bibliografia

  ISBN 978-85-254-2061-9

  1. Machiavelli, Niccolo, 1469-1527. 2. Cientistas políticos - Florença (Itália) - Biografia. I. Título. II. Série.

10-3923.   CDD: 923.2
                             CDU: 929:32

© Quentin Skinner, 1981
Maquiavel foi originalmente publicado em inglês em 1981.
Esta tradução é publicada conforme acordo com a Oxford University Press.

Todos os direitos desta edição reservados a L&PM Editores
Rua Comendador Coruja 326 – Floresta – 90220-180
Porto Alegre – RS – Brasil / Fone: 51.3225-5777 – Fax: 51.3221-5380
Pedidos & Depto. comercial: vendas@lpm.com.br
Fale conosco: info@lpm.com.br
www.lpm.com.br

Impresso no Brasil
Primavera de 2010

Sumário

Prefácio 7

Introdução 9

Capítulo 1: O diplomata 11
   A formação humanista 11
   As missões diplomáticas 15
   As lições de diplomacia 27

Capítulo 2: O conselheiro de príncipes 33
   O contexto florentino 33
   A herança clássica 38
   A revolução maquiaveliana 46
   A nova moral 59

Capítulo 3: O teórico da liberdade 68
   Os meios para a grandeza 70
   As leis e a liderança 81
   A prevenção da corrupção 92
   A busca do império 99

Capítulo 4: O historiador de Florença 106
   A finalidade da história 106
   Declínio e queda de Florença 112
   O infortúnio final 116

Obras de Maquiavel citadas no texto 120

Leituras complementares 121

Índice remissivo 127

Lista de ilustrações 133

Prefácio

Uma versão anterior desta introdução foi publicada na série Past Masters em 1981. Continuo muito agradecido a Keith Thomas por me convidar para colaborar com sua série, à equipe da Oxford University Press (em especial a Henry Hardy) pelo grande apoio editorial naquela época, e a John Dunn, Susan James, J. G. A. Pocock e Keith Thomas por lerem o manuscrito original com muito cuidado e me oferecerem vários comentários valiosos. Pelo auxílio especializado na preparação desta nova edição, agradeço novamente à equipe editorial da OUP, e principalmente a Shelley Cox pela grande paciência e pelo incentivo.

Para esta nova edição, revisei inteiramente o texto e atualizei a bibliografia, mas não alterei a linha básica de minha argumentação. Ainda considero Maquiavel essencialmente o expoente de uma forma neoclássica do pensamento político humanista. Além disso, sustento que a maneira de melhor compreender os aspectos mais originais e criativos de sua concepção política é entendê-los como uma série de reações polêmicas – e às vezes até satíricas – contra os pressupostos humanistas que ele herdou e basicamente continuou a endossar. Embora meu objetivo principal seja apresentar uma introdução direta às concepções de Maquiavel sobre a arte de governar, espero que esta interpretação também seja de algum interesse para os especialistas da área.

Para as citações de Boécio, Cícero, Lívio, Salústio e Sêneca, utilizei as traduções publicadas na coleção de clássicos da Loeb. No caso das citações da *Correspondência*, das *Legações* e dos chamados *Caprichos* (*Ghiribizzi*), as traduções são minhas. Para *O príncipe*, utilizei a tradução de Russell Price em Maquiavel, *The Prince*, ed. Quentin

Skinner e Russell Price (Cambridge, 1988). Quanto às outras obras de Maquiavel, recorri (com gentil permissão) às excelentes traduções em inglês de Allan Gilbert, *Machiavelli: The Chief Works and Others* (3 vols., Duke University Press, 1965). As citações da *Correspondência* e das *Legações* estão respectivamente identificadas com "C" ou "L" entre parênteses, junto com a referência da página após cada citação. Quando me refiro a outras obras de Maquiavel, deixo claro no contexto de cada caso qual é o texto que estou citando, e simplesmente acrescento as referências das páginas entre parênteses. Encontram-se detalhes completos de todas as edições usadas na lista de obras de Maquiavel citadas no texto, à p. 120.

Preciso fazer mais duas observações sobre as traduções. Em algumas passagens, arrisquei-me a modificar as soluções de Gilbert, para deixá-las mais próximas da fraseologia exata de Maquiavel. E continuo a crer que o conceito central de *virtù* (*virtus* em latim) não se deixa traduzir para uma língua moderna numa palavra só, nem mesmo numa quantidade razoável de paráfrases. Por isso, deixei tais termos em sua forma original. Não significa, porém, que eu não discuta seus significados; pelo contrário, grande parte deste texto pode ser lida como uma explanação do que entendo que Maquiavel tenha pretendido dizer com eles.

Introdução

Maquiavel morreu quase quinhentos anos atrás, mas seu nome subsiste como designação de astúcia, duplicidade e má-fé em assuntos políticos. "O sanguinário Maquiavel", como diz Shakespeare, nunca deixou de ser objeto de repulsa para moralistas de todos os credos, conservadores e revolucionários. Edmund Burke dizia ver "as abomináveis máximas de uma política maquiavélica" por trás da "tirania democrática" da Revolução Francesa. Marx e Engels atacaram os princípios do maquiavelismo com igual veemência, insistindo que os verdadeiros expoentes da "política maquiavélica" são os que procuram "paralisar as energias democráticas" em períodos de transformação revolucionária. O ponto em que concordam ambos os lados é que os males do maquiavelismo constituem uma das ameaças mais perigosas à base moral da vida política.

Criou-se uma tal notoriedade em torno do nome de Maquiavel que ainda hoje ser considerado maquiavélico é uma séria acusação no debate político. Quando Henry Kissinger, por exemplo, expôs sua filosofia numa famosa entrevista publicada em *The New Republic* em 1972, o entrevistador comentou, depois de ouvi-lo discutir seu papel como conselheiro da presidência, que, "ao escutá-lo, às vezes fica a dúvida, não sobre até que ponto o senhor influencia o presidente da república, mas sobre até que ponto o senhor é influenciado por Maquiavel". Foi uma insinuação que Kissinger rechaçou de imediato. Era maquiavélico? "Não, de maneira alguma." Não sofria alguma influência de Maquiavel? "Não, absolutamente nenhuma."

O que está por trás da fama sinistra que Maquiavel adquiriu? É realmente merecida? Quais são as concepções sobre política e moral política que ele realmente apresenta em suas principais obras? São essas as perguntas que espero responder neste livro. Digo que, para entender as doutrinas de Maquiavel, precisamos retomar os problemas que ele estava claramente enfrentando em *O príncipe*, nos *Discursos* e em suas outras obras de teoria política. Para obter tal perspectiva, precisamos reconstruir o contexto em que essas obras foram originalmente compostas – o contexto intelectual da filosofia clássica e renascentista, bem como o contexto político da vida da cidade-estado italiana no começo do século XVI. Depois de devolvermos Maquiavel ao mundo em que suas ideias se formaram, poderemos começar a apreciar a excepcional originalidade de seu ataque aos pressupostos morais dominantes em sua época. E, depois de captarmos as implicações de seu ponto de vista moral, poderemos facilmente ver por que seu nome ainda é invocado com tanta frequência sempre que se discutem questões de liderança e poder político.

Capítulo 1
O diplomata

A formação humanista

Niccolò Machiavelli nasceu em Florença em 3 de maio de 1469. A primeira vez que ouvimos falar de sua participação ativa nos assuntos de sua cidade natal foi em 1498, ano em que o regime controlado por Savonarola foi destituído do poder. Girolamo Savonarola, o prior dominicano de San Marco, cujos sermões proféticos haviam dominado a política florentina nos quatro anos anteriores, foi preso por heresia no começo de abril; logo depois, o conselho dirigente da cidade começou a remover seus simpatizantes das posições que ocupavam no governo. Um dos que perderam o cargo em decorrência disso foi Alessandro Braccesi, o encarregado da segunda chancelaria. De início o cargo ficou vago, mas, após várias semanas de adiamento, foi proposto o nome quase desconhecido de Maquiavel como possível substituto. Ele mal tinha completado 29 anos e, ao que parece, não possuía nenhuma experiência administrativa anterior. No entanto, sua indicação passou sem dificuldades, e em 19 de junho foi devidamente confirmado pelo grande conselho como segundo chanceler da república florentina.

Na época em que Maquiavel entrou na chancelaria, existia um método estabelecido para recrutar ocupantes para seus principais cargos. Além de demonstrar talentos diplomáticos, os aspirantes deveriam mostrar um alto grau de competência nas chamadas disciplinas humanistas. O conceito dos *studia humanitatis* derivava de fontes romanas, especialmente de Cícero, cujos ideais pedagógicos tinham

1. O Palazzo Vecchio, Florença, onde Maquiavel trabalhou na segunda chancelaria de 1498 a 1512.

sido revividos pelos humanistas italianos do século XIV e vieram a exercer uma grande influência nas universidades e na condução da vida pública italiana. Os humanistas se distinguiam, acima de tudo, por abraçar uma teoria muito específica sobre qual seria o conteúdo adequado de uma educação "verdadeiramente humana". Esperavam que seus alunos começassem pelo domínio do latim, passassem para a prática da retórica e a imitação dos melhores estilistas clássicos, e completassem seus estudos com uma leitura aprofundada da história e da filosofia moral dos antigos. Também popularizaram a crença de que esse tipo de formação oferecia o melhor preparo para a vida política. Como Cícero repetira constantemente, tais disciplinas alimentam os valores que mais precisamos adquirir para bem servir a nosso país: a disposição de subordinar os interesses privados ao bem público; o desejo de combater a corrupção e a tirania; a ambição de buscar os mais nobres fins entre todos: a honra e a glória não só pessoais, mas de todo o país.

À medida que os florentinos se imbuíram de tais convicções, passaram a chamar seus principais humanistas para ocupar as posições de maior prestígio no governo da cidade. Pode-se dizer que essa prática começou com a indicação de Coluccio Salutati como chanceler, em 1375, e rapidamente tornou-se regra. Durante os anos de crescimento de Maquiavel, a primeira chancelaria foi ocupada por Bartolomeo Scala, que continuou a dar aulas na universidade durante toda a sua carreira pública e a escrever sobre temas tipicamente humanistas, sendo suas principais obras um tratado moral e uma *História dos florentinos*. Durante o período de Maquiavel na chancelaria, as mesmas tradições foram mantidas vigorosamente pelo sucessor de Scala, Marcello Adriani. Este também provinha de uma cátedra na universidade e também continuou a publicar obras de estudos humanistas, entre elas um manual sobre o ensino do latim e um tratado em vernáculo *Sobre a educação da nobreza florentina*.

O predomínio desses ideais ajuda a explicar como Maquiavel veio a ser indicado relativamente jovem para uma posição de responsabilidade considerável na administração da república. Pois sua família, embora não fosse rica nem altamente aristocrática, mantinha íntimas ligações com alguns dos círculos humanistas mais destacados da cidade. Bernardo, o pai de Maquiavel, que exercia a profissão de advogado, era um devotado estudioso das humanidades. Era muito próximo de diversos eruditos importantes, entre eles Bartolomeo Scala, cujo tratado de 1483, *Sobre as leis e julgamentos legais,* consistia num diálogo entre ele mesmo e "meu amigo e íntimo" Bernardo Machiavelli. Além disso, o *Diário* que Bernardo manteve entre 1474 e 1487 mostra que, durante os anos de crescimento de seu filho Nicolau, estava entregue ao estudo de vários dos principais textos clássicos sobre os quais se fundava o conceito renascentista de "as humanidades". Ele escreve em seu *Diário* que tomou emprestado *As filípicas* de Cícero, em 1477, e sua maior obra retórica, *De Oratore*, em 1480. Também tomou várias vezes de empréstimo o tratado moral mais importante de Cícero, *De Officiis*, na década de 1470, e em 1476 chegou inclusive a adquirir um exemplar próprio da *História* de Lívio – o texto que, cerca de quarenta anos mais tarde, emolduraria os *Discursos* de seu filho, a obra mais extensa e ambiciosa de filosofia política de Maquiavel.

O *Diário* de Bernardo também mostra que, apesar das grandes despesas acarretadas – que enumerou preocupado –, ele se empenhou em fornecer ao filho uma excelente formação nos *studia humanitatis*.* A primeira notícia que temos sobre a formação de Maquiavel é logo

---

* MACHIAVELLI, Bernardo, *Libro di Ricordi*, ed. C. Olschki. Florença, 1954, p. 11, 31, 35, 58, 88, 123, 138.

posterior ao dia de seu sétimo aniversário, quando o pai registra que "seu filhinho Niccolò começou a ir a Mestre Matteo" para o primeiro estágio de sua educação formal, o estudo do latim. Quando Maquiavel estava com doze anos, já completara o segundo estágio e fora encaminhado aos cuidados de um famoso mestre-escola, Paolo da Ronciglione, que dava aulas a muitos dos mais ilustres humanistas da geração de Maquiavel. Bernardo registrou esse avanço em 5 de novembro de 1481 em seu *Diário*, anunciando com orgulho que "Niccolò agora escreve sozinho suas composições em latim" – seguindo o método humanista vigente de emular os melhores modelos do estilo clássico. Finalmente, ao que parece – a crer nas palavras de Paolo Giovio –, Maquiavel pode ter sido enviado à universidade de Florença para completar seus estudos. Giovio afirma em suas *Máximas* que Maquiavel "recebeu a melhor parte" de sua formação clássica de Marcello Adriani; e Adriani, como vimos, ocupou uma cátedra na universidade por vários anos antes de ser nomeado para a primeira chancelaria.

Essa formação humanista talvez seja a chave para explicar por que Maquiavel recebeu inesperadamente seu cargo no governo no verão de 1498. Adriani assumira como primeiro chanceler no mesmo ano, e parece plausível supor que tenha se lembrado dos talentos de Maquiavel nas humanidades e tenha decidido premiá-los ao preencher os cargos vagos na chancelaria após a mudança de regime. Assim, é provável que tenha sido pelo patrocínio de Adriani – talvez junto com a influência dos humanistas amigos de Bernardo – que Maquiavel se viu lançado à carreira política no novo governo anti-Savonarola.

As missões diplomáticas

A posição oficial de Maquiavel lhe trazia dois tipos de deveres. A segunda chancelaria, criada em 1437, lidava principalmente com as correspondências relacionadas à administração dos territórios de Florença. Mas, como encarregado do setor, Maquiavel também era um dos seis secretários do primeiro chanceler, e nessa função em breve recebeu a tarefa adicional de atender ao Conselho dos Dez, a comissão responsável pelas relações externas e diplomáticas da república. Isso significava que, além de seu trabalho normal de gabinete, também poderia ser designado em viagens ao exterior em nome do Conselho dos Dez, agindo como secretário de seus embaixadores e ajudando a enviar ao governo relatórios detalhados sobre os assuntos estrangeiros.

Sua primeira oportunidade de participar nesse tipo de missão surgiu em julho de 1500, quando ele e Francesco della Casa receberam a missão de "ir o mais rápido possível" à corte de Luís XII da França (L 70). A decisão de enviar essa embaixada resultava das dificuldades que Florença vinha enfrentando na guerra contra Pisa. Os pisanos haviam se rebelado em 1496 e, nos quatro anos seguintes, conseguiram vencer todas as tentativas de esmagar sua luta pela independência. No começo de 1500, porém, os franceses concordaram em ajudar os florentinos a reconquistar a cidade e enviaram uma força para sitiá-la. Mas essa iniciativa também foi um fracasso: os mercenários gascões contratados por Florença desertaram; os auxiliares suíços se amotinaram por falta de pagamento; o ataque teve de ser vergonhosamente cancelado.

As instruções de Maquiavel eram "explicar que não foi devido a nenhuma falha de nossa parte que esse empreendimento não deu resultados" e, ao mesmo tempo, "transmitir a impressão", se possível, de que o comandante francês tinha agido "de modo corrupto e covarde" (L 72, 74). No entanto, como ele e Della Casa descobriram na primeira audiência com Luís XII, o rei não estava muito interessado nas desculpas de Florença para seus fiascos anteriores. Pelo contrário, Luís XII queria saber qual o auxílio que, no futuro, poderia de fato esperar de um governo que, segundo todas as evidências, era tão malconduzido. Esse encontro deu o tom para todas as discussões subsequentes com Luís e seus principais conselheiros, Florimond Robertet e o arcebispo de Rouen. O resultado foi que, embora Maquiavel tenha permanecido quase seis meses na corte francesa, a visita lhe ensinou menos sobre as políticas da França do que sobre a posição cada vez mais equívoca das cidades-estado italianas.

A primeira lição que ele aprendeu foi que, para qualquer pessoa escolada no exercício do poder monárquico moderno, a máquina governamental de Florença se afigurava absurdamente frágil e vacilante. No final de julho, ficou evidente que a *signoria*, o conselho dirigente da cidade, precisaria enviar mais uma embaixada para renegociar os termos da aliança com a França. Maquiavel passou os meses de agosto e setembro esperando a confirmação de que os novos embaixadores já tinham saído de Florença, e continuou a garantir ao arcebispo de Rouen que deveriam chegar a qualquer momento. Em meados de outubro, quando ainda não havia nenhum sinal da chegada deles, o arcebispo começou a tratar essas constantes tergiversações com franco desdém. Como informou Maquiavel visivelmente mortificado, o arcebispo "respondeu com estas exatas palavras", ao saber que a missão prometida finalmente estava a caminho: 'É verdade o que você diz, mas, antes que esses embaixadores cheguem, estaremos todos mortos" (L 168). De modo ainda mais humilhante, Maquiavel descobriu que o sentimento de sua cidade natal sobre a própria importância parecia aos franceses ridiculamente defasado em relação à realidade de sua riqueza e posição militar. Viu-se na obrigação de dizer à *signoria* que os franceses "valorizam apenas os que estão bem armados ou dispostos a pagar" e acreditavam que "faltam essas duas qualidades no caso de vossa senhoria". Tentara expor à corte francesa "a segurança que vossa grandeza poderia trazer às possessões de sua majestade na Itália", mas descobriu que "a coisa toda foi supérflua", pois os franceses simplesmente deram risada. A dolorosa verdade, admitia ele, é que "eles vos chamam de vossa ninharia" (L 126).

Essa primeira lição calou fundo em Maquiavel. Seus escritos políticos maduros trazem inúmeras advertências sobre a loucura de procrastinar, o perigo de parecer indeciso, a necessidade de ação rápida e arrojada tanto na guerra quanto na política. Mas parecia-lhe claramente impossível aceitar a implicação concomitante de que talvez não houvesse futuro para as cidades-estado italianas. Ele continuou a teorizar sobre seus programas de ação políticos e militares no pressuposto de que ainda eram genuinamente capazes de recuperar e manter a independência, muito embora tenha presenciado ao longo da vida sua subordinação final e inexorável às forças imensamente superiores da França, da Alemanha e da Espanha.

A missão na França terminou em dezembro de 1500, e Maquiavel se apressou a voltar para casa o mais rápido possível. Sua irmã morrera enquanto ele estava fora, o pai havia morrido logo antes de sua partida, e em decorrência disso (conforme se queixou à *signoria*) os negócios da família "tinham ficado em completa desordem" (L 184). Também estava preocupado com o emprego, pois seu assistente Agostinho Vespucci entrara em contato com ele no final de outubro, para lhe informar do boato segundo o qual "a menos que volte logo, você perderá totalmente o lugar na chancelaria" (C 60). Além disso, logo depois Maquiavel veio a ter mais uma razão para querer ficar nas proximidades de Florença: sua corte a Marietta Corsini, com quem se casou no outono de 1501. Marietta continua a ser uma figura obscura na história de Maquiavel, mas suas cartas a ela sugerem que ele nunca deixou de amá-la, enquanto ela, por sua vez, deu-lhe seis filhos, parece ter suportado com paciência as infidelidades do marido e acabou sobrevivendo a ele por 25 anos.

Nos dois anos seguintes, que Maquiavel passou principalmente em Florença e arredores, a *signoria* ficou preocupada com o surgimento de um novo poder militar ameaçando suas fronteiras: o de César Bórgia. Em abril de 1501, Bórgia foi nomeado duque da Romanha por seu pai, o papa Alexandre VI. A partir daí, ele deu início a uma série de campanhas audaciosas para conquistar um território que ficasse à altura do novo título tão retumbante. Primeiro, capturou Faenza e sitiou Piombino, onde entrou em setembro de 1501. A seguir, seus homens fizeram o Val di Chiana se rebelar contra Florença, na primavera de 1502, enquanto Bórgia marchava para o norte e tomava o ducado de Urbino num golpe fulminante. Embalado por tais sucessos, então exigiu uma aliança formal com os florentinos e pediu que lhe mandassem um enviado para ouvir suas condições. O homem escolhido para essa delicada tarefa foi Maquiavel, que já havia encontrado Bórgia em Urbino. Maquiavel recebeu a incumbência em 5 de outubro de 1502 e dois dias depois apresentou-se ao duque de Ímola.

Essa missão marca o início do período de formação mais intensa na carreira diplomática de Maquiavel, quando pôde desempenhar o papel que mais lhe agradava: o de observador direto e assessor do governo da época. Foi também nesse período que ele chegou a seus juízos definitivos sobre a maioria das lideranças cujas políticas teve oportunidade de observar em fase de elaboração. Muitas vezes considera-se que as *Legações* de Maquiavel contêm apenas as "matérias-primas" ou os "esboços grosseiros" de suas concepções políticas posteriores, e que somente depois ele teria reelaborado ou mesmo idealizado suas observações, durante os anos de retiro forçado. Como veremos, porém, um estudo das *Legações* revela que as avaliações de Maquiavel, e inclusive seus epigramas, geralmente lhe ocorreram em forma final pronta e depois foram incorporados, praticamente sem qualquer alteração, nas páginas dos *Discursos* e em especial de *O príncipe*.

A missão de Maquiavel na corte de Bórgia durou quase quatro meses, durante os quais ele manteve muitas conversas diretas com o duque, o qual parece ter condescendido em lhe expor suas linhas de ação e as ambições por detrás delas. Maquiavel ficou profundamente impressionado. O duque, informou ele, é "de uma coragem sobre-humana", além de ser um homem de desígnios grandiosos, que "se considera capaz de alcançar qualquer coisa que queira" (L 520). Além disso, suas ações são tão marcantes quanto suas palavras, pois ele "controla tudo pessoalmente", governa "com extremo sigilo" e, por conseguinte, é capaz de decidir e executar seus planos com uma rapidez devastadora (L 427, 503). Em suma, Maquiavel reconhecia que Bórgia não era um simples *condottiere* arrogante, e sim alguém que "agora deve ser visto como um novo poder na Itália" (L 422).

Essas observações, originalmente enviadas em caráter confidencial ao Conselho dos Dez, depois se tornaram célebres, pois se repetem quase literalmente no capítulo 7 de *O príncipe*. Resumindo a carreira de Bórgia, Maquiavel ressalta uma vez mais a grande coragem, as habilidades excepcionais e a visão extremamente focada em seus objetivos (33-4). Também reitera sua opinião de que Bórgia era igualmente impressionante na execução de seus planos. Ele "fez uso de todos os meios e ações possíveis" para "deitar suas raízes" e conseguiu lançar "sólidos alicerces para o futuro poder" num prazo tão curto que, não fosse abandonado pela sorte, "teria vencido todas as dificuldades" (29, 33).

Embora admirasse as qualidades de liderança de Bórgia, desde o início Maquiavel sentiu certo desconforto em relação à assombrosa autoconfiança do duque. Já em outubro de 1502, em Ímola, ele escreveu que, "desde que estou aqui, o governo do duque tem se fundado apenas em sua boa Fortuna" (L 386). No começo do ano seguinte, ele comentava em tom cada vez mais crítico que o duque ainda se contentava em confiar em sua "inaudita boa sorte" (L 520). E em outubro de 1503, quando Maquiavel foi enviado numa missão a Roma e novamente teve oportunidade de observar Bórgia de perto, suas dúvidas iniciais se cristalizaram numa firme convicção sobre as limitações das capacidades do duque.

O objetivo principal da viagem de Maquiavel a Roma era se informar sobre uma crise fora do comum que se instaurara na corte papal. O papa Alexandre VI morrera em agosto e seu sucessor Pio III, por sua vez, tinha morrido depois de um mês no cargo. A *signoria* florentina estava ansiosa em receber boletins diários sobre a provável evolução dos fatos, sobretudo depois que Bórgia mudou de lado e concordou em apoiar a candidatura do cardeal Giuliano della Rovere. Esse desdobramento parecia potencialmente contrário aos interesses de Florença, pois o duque dera seu apoio em troca da promessa de ser nomeado comandante-geral dos exércitos papais, caso Rovere fosse eleito. Parecia certo que, se Bórgia obtivesse essa nomeação, ele daria início a uma nova série de campanhas hostis nas fronteiras do território florentino.

De acordo com isso, os primeiros despachos de Maquiavel se concentram na reunião do conclave, em que Rovere foi eleito "por uma enorme maioria" e adotou o nome de Júlio II (L 55). Mas, uma vez resolvido esse assunto, todos transferiram a atenção para o conflito que começava a se desenvolver entre Bórgia e o papa. Ao observar a dança entre esses dois mestres da duplicidade,

Maquiavel viu que suas dúvidas iniciais sobre as habilidades do duque eram totalmente justificadas.

Ele achava que Bórgia já tinha demonstrado falta de visão ao não enxergar os riscos inerentes à transferência de seu apoio para Rovere. Como Maquiavel lembrou ao Conselho dos Dez, o cardeal fora obrigado "a viver no exílio durante dez anos" sob o pontificado de Alexandre VI, pai do duque. Certamente, acrescentou ele, Rovere "não pode ter esquecido isso tão depressa" a ponto de ver com bons olhos uma aliança com o filho de seu inimigo (L 599). Mas a crítica mais séria de Maquiavel era que, mesmo nessa situação equívoca e perigosa, Bórgia continuava a depositar uma confiança absolutamente arrogante em sua maré constante de boa sorte. A princípio, Maquiavel simplesmente notou, com visível surpresa, que "o duque está se deixando levar por sua imensa confiança" (L 599). Duas semanas depois, quando a nomeação papal de Bórgia ainda não chegara e suas possessões na Romanha tinham começado a se sublevar, ele registrou em tom mais mordaz que o duque "ficou estupefato" com "esses golpes da Fortuna, que não está acostumado a sentir" (L 631). No final do mês, Maquiavel havia chegado à conclusão de que a má Fortuna de Bórgia o abatera a tal ponto que agora ele era incapaz de manter qualquer decisão firme, e em 26 de novembro pôde assegurar ao Conselho dos Dez que "daqui por diante podeis agir sem precisar mais pensar nele" (L 683). Uma semana depois, Maquiavel mencionou os assuntos de Bórgia pela última vez, simplesmente observando que "o duque agora está deslizando pouco a pouco para seu túmulo" (L 709).

Como no caso anterior, essas avaliações confidenciais do caráter de Bórgia vieram a ficar famosas depois de incorporadas ao capítulo 7 de *O príncipe*. Maquiavel repete que o duque "fez uma má escolha" ao apoiar "a eleição de Júlio como papa", pois "nunca deveria ter deixado que o papado coubesse a algum cardeal que ele tivesse prejudicado" (34). E volta à sua acusação básica de que o duque confiou demais na própria sorte. Em vez de encarar a óbvia eventualidade de ser em algum momento detido por um "golpe malicioso da Fortuna", ele desmoronou no momento em que isso aconteceu (29). Apesar de sua admiração, o veredito final de Maquiavel sobre Bórgia – tanto nas *Legações* quanto em *O príncipe* – é desfavorável: ele "ganhou sua posição por meio da Fortuna de seu pai" e perdeu-a tão logo a Fortuna o abandonou (28).

O próximo líder importante que Maquiavel pôde avaliar em primeira mão foi o novo papa, Júlio II. Maquiavel estivera presente em várias audiências na época da eleição de Júlio, mas foi no decorrer de duas missões posteriores que teve uma percepção mais completa do caráter e da capacidade de comando do papa. A primeira delas foi em 1506, quando Maquiavel retornou à corte papal entre agosto e outubro. Suas instruções, naquele momento, consistiam em manter a *signoria* informada sobre o progresso do plano tipicamente agressivo de Júlio para reconquistar Perugia, Bolonha e outros territórios antes controlados pela Igreja. A segunda oportunidade surgiu em 1510, quando Maquiavel foi enviado a uma nova embaixada na corte da França. Nessa época, Júlio havia decidido empreender uma grande cruzada para expulsar os "bárbaros" da Itália, ambição que colocava os florentinos numa posição incômoda. Por um lado, eles não tinham nenhuma vontade de ofender o papa em seu espírito cada vez mais belicoso. Mas, por outro lado, eram aliados tradicionais dos franceses, que imediatamente quiseram saber com qual auxílio poderiam contar se o papa invadisse o ducado de Milão, recapturado por Luís XII no ano anterior. Como em 1506, Maquiavel se viu acompanhando ansiosamente o avanço das campanhas de Júlio, enquanto esperava e ao mesmo tempo trabalhava para preservar a neutralidade de Florença.

Observando o papa guerreiro em ação, inicialmente Maquiavel ficou impressionado e até mesmo assombrado. Ele partiu da suposição de que o plano de Júlio para reconquistar os estados papais estava fadado a terminar em desastre. "Ninguém acredita", escreveu ele em setembro de 1506, que o papa "será capaz de realizar o que pretendia originalmente" (L 996). Mas logo teve de engolir o que disse. Antes do final do mês, Júlio havia retomado Perugia e "acertado seus negócios", e antes de findar outubro Maquiavel encerrou sua missão com o anúncio retumbante de que, após uma campanha impetuosa, Bolonha tinha se rendido incondicionalmente, "seus embaixadores se lançando aos pés do papa e lhe entregando a cidade" (L 995, 1035).

Mas não demorou muito para que Maquiavel começasse a se sentir mais crítico, principalmente depois que Júlio tomou a decisão alarmante de lançar suas poucas forças contra o poderio da França em 1510. De início ele apenas manifestou a sardônica esperança de que a ousadia de Júlio "venha a se demonstrar baseada em algo além de sua santidade" (L 1234). Mas logo passou a usar um tom mais grave ao escrever que "ninguém aqui sabe nada ao certo sobre a base para as ações do papa", e que o próprio embaixador de Júlio se diz "completamente aturdido" com toda a aventura, visto que "tem sérias dúvidas se o papa dispõe dos recursos ou da organização" para se lançar a ela (L 1248). Maquiavel ainda não estava preparado para condenar Júlio abertamente, pois ainda lhe parecia concebível que, "como na campanha contra Bolonha", a "simples audácia e autoridade" do papa pudessem vir a converter sua louca arremetida numa vitória inesperada (L 1244). No fundo, porém, ele começava a se sentir profundamente desanimado. Repetia em tom de clara aprovação um comentário de Robertet a propósito de Júlio, o qual parecia "ter sido enviado pelo Todo-Poderoso para a destruição do mundo" (L 1270). E acrescentava, num tom de solenidade que não lhe era habitual, que o papa de fato "parece decidido à ruína da Cristandade e à consumação da ruína da Itália" (L 1257).

Essa exposição dos avanços do papa reaparece praticamente inalterada nas páginas de *O príncipe*. De início, Maquiavel admite que, embora Júlio "agisse impetuosamente em todos os seus assuntos", ele "sempre tinha sucesso", mesmo nas iniciativas mais irrealistas. Mas a seguir afirma que tal fato ocorria apenas porque "os tempos e suas circunstâncias" estavam "em tal harmonia com sua maneira de proceder" que ele nunca precisou pagar o devido preço por sua imprudência. Assim, apesar dos assombrosos sucessos do papa, Maquiavel se sente justificado em adotar um parecer extremamente desfavorável a respeito de seu comando. Reconhecidamente, Júlio "realizou com seu movimento impetuoso o que nenhum outro pontífice, com a máxima prudência humana, jamais realizaria". Mas é apenas por causa da "breve duração de sua vida" que ficamos com a impressão de que ele foi um grande líder dos homens. "Se viesse o tempo em que ele precisasse agir com cautela, seria sua ruína; pois ele jamais se afastaria dos métodos a que sua natureza o inclinava" (91-2).

Entre sua legação papal de 1506 e seu retorno à França em 1510, Maquiavel esteve em mais uma missão fora da Itália, durante a qual pôde avaliar ao vivo um outro importante estadista – Maximiliano, o Sacro Imperador Romano. A *signoria* decidiu enviar essa embaixada por estar preocupada com o plano do imperador de marchar sobre a Itália e ser coroado em Roma. Ao anunciar sua intenção, Maximiliano pediu um grande subsídio aos florentinos para ajudar a suprir sua crônica falta de fundos.

A *signoria* se disporia a atendê-lo, caso realmente viesse; do contrário, não. Então o imperador de fato viria? Em junho de 1507, Francesco Vettori foi enviado para descobrir a resposta, mas fez um informe em termos tão confusos que, seis meses depois, Maquiavel foi enviado em seu encalço com maiores instruções. Os dois ficaram na corte imperial até junho do ano seguinte, época em que a expedição proposta foi definitivamente cancelada.

Os comentários de Maquiavel sobre o chefe da casa de Habsburgo não trazem nenhuma das nuances ou ressalvas que caracterizam suas descrições de César Bórgia e de Júlio II. Do princípio ao fim, o imperador lhe pareceu totalmente inepto, praticamente sem nenhuma das devidas qualificações para conduzir um governo efetivo. Para Maquiavel, seu principal ponto fraco era a tendência de ser "demasiado frouxo e crédulo", em decorrência da qual "ele está sempre pronto a ser influenciado por todas as diversas opiniões" que lhe eram apresentadas (L 1098-9). Isso impede de conduzir qualquer negociação, pois, mesmo quando ele começa decidindo por um curso de ação – como a expedição à Itália –, ainda certamente pode-se afirmar que "só Deus sabe como vai acabar" (L 1139). E também contribui para um enfraquecimento irremediável da capacidade de comando, pois todos ficam "em confusão constante" e "ninguém tem a menor ideia de o que ele fará" (L 1106).

O retrato do imperador em *O príncipe* reproduz em larga medida essas avaliações anteriores. Maximiliano é abordado no capítulo 23, cujo tema é a necessidade dos príncipes de ouvir bons conselhos. A conduta do imperador é apresentada como um exemplo de advertência sobre os perigos de não tratar os conselheiros com a devida decisão. Maximiliano é mostrado como homem tão "maleável" que, quando seus planos "passam a ser conhecidos" e então surge "oposição dos que o cercam", ele se desvia tanto de seu curso que imediatamente "é afastado" de seus planos originais. Além de ser frustrante lidar com ele, visto que "nunca ninguém sabe o que ele quer ou pretende fazer", isso o torna totalmente incompetente como governante, pois "é impossível confiar" em qualquer decisão que tome e "o que faz num dia destrói no dia seguinte" (87).

As lições de diplomacia

Quando veio a registrar suas avaliações finais sobre os governantes e estadistas que conheceu, Maquiavel já tinha chegado à conclusão de que havia uma única lição, simples e fundamental, que nenhum deles havia entendido direito, e por isso costumavam fracassar em seus empreendimentos ou obter êxito mais por sorte do que por um julgamento político sólido. O ponto fraco fundamental, comum a todos eles, era uma fatal inflexibilidade diante das circunstâncias variáveis. César Bórgia sempre foi demasiado arrogante em sua autoconfiança; Maximiliano sempre foi cauteloso e demasiado hesitante; Júlio sempre foi impetuoso e demasiado precipitado. O que nenhum deles reconheceu foi que teriam tido muito mais sucesso se procurassem adaptar suas personalidades às exigências dos tempos, em vez de tentar remodelar os tempos segundo suas personalidades.

Maquiavel veio a colocar essa avaliação no próprio cerne de sua análise da capacidade de comando em *O príncipe*. No entanto, ele registrou essa percepção muito antes, durante suas atividades como diplomata. Além disso, fica claro em suas *Legações* que a generalização lhe pareceu de início não tanto um resultado de suas reflexões pessoais, e sim fruto de ouvir e depois ponderar as concepções de dois dos políticos mais sagazes com quem teve contato. O ponto em questão lhe surgiu pela primeira vez no dia da eleição de Júlio II para o pontificado. Maquiavel tinha começado a conversar com Francesco Soderini, cardeal de Volterra e irmão de Piero Soderini, gonfaloneiro do governo de Florença. O cardeal lhe garantiu que "fazia muitos anos que nossa cidade não tinha tanto a esperar de um novo papa como o de agora". E acrescentou: "Mas só se souber se harmonizar com os tempos" (L 593). Dois anos depois, Maquiavel se deparou com a mesma avaliação durante a negociação com Pandolfo Petrucci, o senhor de Siena, que mais tarde mencionaria com admiração em *O príncipe* como "um homem muito capaz" (85). Maquiavel recebera da *signoria* a incumbência de indagar as razões de "todas as intrigas e artimanhas" que haviam marcado os contatos de Pandolfo com Florença (L 911). Pandolfo respondeu com uma impudência que, evidentemente, causou enorme impressão em Maquiavel. Ele disse o seguinte: "Querendo cometer o menor número de erros possível, conduzo meu governo dia a dia e organizo meus assuntos hora a hora, porque os tempos são mais potentes do que nossos cérebros" (L 912).

Embora os pronunciamentos de Maquiavel sobre os governantes de sua época sejam, em geral, muito críticos, seria um engano concluir que ele via toda a história política contemporânea como simples sucessão de crimes, loucuras e desgraças. Em vários momentos de sua carreira diplomática, ele pôde observar um problema político sendo enfrentado e resolvido de uma maneira que não só despertava sua genuína admiração, mas também exercia uma clara influência sobre suas teorias da condução política. Um episódio desses se deu em 1503, durante o longo duelo de inteligências entre César Bórgia e o papa. Maquiavel se sentia fascinado em ver como Júlio enfrentava o dilema da presença do duque na corte papal. Como lembrou ao Conselho dos Dez, "o ódio que sua santidade sempre sentiu" por Bórgia "é conhecido", mas isso não altera muito o fato de que Bórgia "foi de mais auxílio para ele do que qualquer outro" para assegurar sua escolha para o pontificado, e em decorrência disso ele "fez ao duque uma quantidade de enormes promessas" (L 599). O problema parecia insolúvel: como Júlio esperava ter alguma liberdade de ação sem romper seu compromisso solene?

Como Maquiavel logo descobriu, a resposta veio em duas fases de simplicidade desarmante. Antes de sua eleição, Júlio se deu ao cuidado de frisar que, "sendo um homem de grande boa-fé", tinha o compromisso absoluto de "ficar em contato" com Bórgia "para manter sua palavra com ele" (L 613, 621). Mas, tão logo se sentiu seguro, renegou instantaneamente todas as suas promessas. Não só negou o título e as tropas ao duque, como na verdade mandou prendê-lo e encarcerá-lo no palácio papal. Maquiavel mal consegue disfarçar o assombro e a admiração pelo golpe. E exclama: "Vede agora quão honrosamente este papa começa a pagar suas dívidas: simplesmente liquida-as eliminando-as". E que ninguém pense, acrescenta ele significativamente, que o papado se manchou com isso; pelo contrário, "todos continuam com o mesmo ardor em beijar as mãos do papa" (L 683).

Nessa ocasião, Maquiavel se sentiu desapontado com Bórgia, por deixar que o derrotassem de maneira tão calamitosa. Como disse à sua típica maneira, o duque nunca devia ter suposto "que a palavra de outrem há de ser mais confiável do que a sua" (L 600). Mesmo assim, Bórgia era, sem dúvida, o governante que Maquiavel considerava mais instrutivo observar em ação, e em duas outras ocasiões teve o privilégio de vê-lo enfrentando uma crise perigosa e vencendo-a com uma força e uma segurança que lhe valeram o respeito incondicional de Maquiavel.

A primeira emergência surgiu em dezembro de 1502, quando a população da Romanha deu súbita vazão à sua fúria contra os métodos opressores utilizados pelo representante de Bórgia, Rimirro de Orco, ao pacificar a província no ano anterior. Sabidamente Rimirro estava apenas executando as ordens do duque e teve êxito evidente, reconduzindo toda a região do caos a um governo estável. Mas sua crueldade havia despertado tanto ódio que agora a estabilidade da província estava em risco. O que faria Bórgia? Sua solução foi de uma sagacidade aterradora, qualidade que Maquiavel reitera ao relatar o episódio. Rimirro foi convocado a Ímola e, quatro dias depois, "foi encontrado em praça pública, cortado em dois pedaços, e seu corpo ainda está lá, para que toda a plebe possa vê-lo". "Foi simples prazer do duque", acrescenta Maquiavel, "para mostrar que ele pode fazer e desfazer os homens como bem quiser, de acordo com seus merecimentos" (L 503).

O outro ponto em que Bórgia despertou a admiração e o espanto de Maquiavel foi ao enfrentar as dificuldades militares que ocorriam na Romanha, mais ou menos na mesma época. De início, o duque precisara contar com os pequenos senhores locais como principal apoio militar. Mas, no verão de 1502, ficou evidente que seus líderes – especialmente os Orsini e os Vitelli – não só eram inconfiáveis, como também estavam conspirando contra ele. O que devia fazer? Sua primeira medida foi simplesmente se livrar deles simulando uma reconciliação, chamando-os para uma reunião em Senigália e liquidando-os *en masse*. Desta vez, ao descrever a manobra, a frieza estudada de Maquiavel o abandona e ele admite estar "perdido de assombro diante desse desdobramento" (L 508). A seguir, Bórgia resolveu que nunca mais deveria recorrer a tais aliados traiçoeiros e que, em vez disso, criaria seu próprio exército. Essa linha de ação – quase inédita numa época em que praticamente todos os príncipes italianos combatiam com mercenários contratados – parece ter impressionado Maquiavel de pronto, como medida de excepcional antevisão. Ele registra em tom claramente aprovador que o duque não só decidiu que "um dos fundamentos de seu poder" doravante devem ser "suas próprias armas", como também iniciou o processo de recrutamento a uma velocidade espantosa, "já tendo passado em revista quinhentos soldados e o mesmo número de cavalaria ligeira" (L 419). Retomando seu estilo admonitório, Maquiavel explica que está "escrevendo isso com tão maior satisfação" porque veio a crer que "quem está bem armado e dispõe de seus próprios soldados sempre estará em posição de vantagem, para qualquer lado que possam virar as coisas" (L 455).

Em 1510, depois de uma década de missões no exterior, Maquiavel tinha tecido seus juízos sobre a maioria dos estadistas que conhecera. Apenas Júlio II continuava, em certa medida, a desconcertá-lo. Por um lado, a declaração de guerra do papa à França em 1510 pareceu a Maquiavel de uma irresponsabilidade quase insana. Não era preciso nenhuma imaginação para ver que "um estado de inimizade entre essas duas potências" seria "o infortúnio mais terrível que poderia ocorrer" do ponto de vista de Florença (L 1273). Por outro lado, não conseguia resistir à esperança de que Júlio, por pura impetuosidade, ainda pudesse se mostrar como o salvador, e não o flagelo da Itália. No final da campanha contra Bolonha, Maquiavel se permitiu indagar se o papa não poderia "avançar para algo maior", de forma que "desta vez a Itália realmente possa se ver livre dos que planejam engoli-la" (L 1028). Quatro anos depois, apesar do agravamento da crise internacional, ele ainda tentava afastar seus temores crescentes refletindo que, "como no caso de Bolonha", o papa ainda poderia conseguir "levar todos consigo" (L 1244).

Infelizmente para Maquiavel e para Florença, seus temores se revelaram mais acertados do que suas esperanças. Depois de sofrer forte pressão na luta de 1511, Júlio reagiu firmando uma aliança que mudou a face da Itália. Em 4 de outubro de 1511, ele assinou a Santa Aliança com Fernando de Espanha, com isso obtendo o apoio militar espanhol para a cruzada contra a França. Tão logo se iniciou a campanha da nova temporada em 1512, a tremenda infantaria espanhola marchou sobre a Itália. Primeiro os espanhóis repeliram o avanço dos franceses, obrigando-os a evacuar Ravena, Parma e Bolonha, e finalmente a recuar além de Milão. Então se voltaram contra Florença. A cidade não se atrevera a desafiar os franceses, e com isso tinham deixado de declarar apoio ao papa. Agora ela estava pagando um alto preço por seu erro. Em 29 de agosto, os espanhóis saquearam a cidade vizinha de Prato, e três dias depois os florentinos capitularam. O gonfaloneiro Soderini fugiu para o exílio, os Medici reentraram na cidade após dezoito anos de ausência e, poucas semanas depois, a república foi dissolvida.

O destino de Maquiavel acompanhou o do regime republicano. Em 7 de novembro, ele foi formalmente removido de seu cargo na chancelaria. Três dias depois, foi condenado ao confinamento dentro do território florentino durante um ano, com uma fiança no enorme valor de mil florins. Então, em fevereiro de 1513, veio o pior golpe de todos. Sob a errônea suspeita de ter participado de uma conspiração malograda contra o novo governo Medici, Maquiavel foi torturado, condenado à prisão e ao pagamento de uma pesada multa. Como mais tarde se lamentou aos Medici, na dedicatória de *O príncipe*, de súbito "a grande e constante malícia da Fortuna" se abatera cruelmente sobre ele (11).

Capítulo 2
O conselheiro de príncipes

O contexto florentino

No começo de 1513, a família Medici marcou sua vitória mais brilhante. Em 22 de fevereiro, o cardeal Giovanni de Medici foi para Roma após a notícia da morte de Júlio II e, em 11 de março, saiu do conclave de cardeais como papa Leão X. Em certo sentido, o fato representou mais um golpe nas esperanças de Maquiavel, pois trouxe uma popularidade sem precedentes ao novo regime em Florença. Giovanni era o primeiro florentino da história a se tornar papa, e segundo Luca Landucci, cronista da época, a cidade comemorou com fogueiras e salvas de artilharia durante uma semana. Mas, em outro sentido, foi um golpe inesperado de sorte, pois motivou o governo a decretar a anistia como parte dos festejos gerais, e Maquiavel foi libertado.

Tão logo saiu da prisão, Maquiavel começou a elaborar uma maneira de se recomendar às novas autoridades da cidade. Seu antigo colega Francesco Vettori fora nomeado embaixador em Roma, e Maquiavel lhe escreveu várias vezes pedindo para usar sua influência "para que eu possa começar a receber algum serviço de nosso senhor, o papa" (C 244). No entanto, logo ficou claro que Vettori não podia ou talvez não quisesse ajudar. Profundamente desanimado, Maquiavel se retirou para sua pequena herdade em Sant'Andrea, a fim de (como escreveu a Vettori) "ficar longe de qualquer rosto humano" (C 516). Lá, pela primeira vez ele começou a contemplar a cena política mais como analista do que como participante. No começo, enviava longas cartas a Vettori, argumentando vigorosa-

2. A página de rosto de uma das inúmeras edições venezianas iniciais de *O príncipe*.

mente sobre as implicações das constantes intervenções francesas e espanholas na Itália. E então – como explicou numa carta de 10 de dezembro – começou a preencher suas horas de ócio forçado refletindo mais sistematicamente sobre sua experiência diplomática, sobre as lições da história e, portanto, sobre as regras da política.

Como lamenta na mesma carta, Maquiavel era obrigado a viver "numa casa humilde com um patrimônio minúsculo". Mas ele torna a vida suportável recolhendo-se a seu gabinete todas as noites e lendo obras de história clássica, "entrando nas antigas cortes dos homens da antiguidade" para "conversar com eles e lhes indagar sobre as razões de suas ações". Também reflete sobre as percepções que adquiriu "durante os quinze anos" em que esteve "envolvido no estudo da arte de governar". O resultado, diz ele, foi escrever "um opúsculo sobre *Os principados*, onde examino o mais profundamente possível as discussões sobre este tema". Esse "opúsculo" era a obra-prima de Maquiavel, *O príncipe*, que foi esboçado – como indica a carta – no segundo semestre de 1513 e concluído no Natal do mesmo ano (C 303-5).

Sua mais alta esperança, conforme comentou com Vettori, era que esse tratado pudesse conduzi-lo à atenção de "nossos senhores Medici" (C 305). Um dos motivos para querer atrair a atenção para a obra – como mostra sua dedicatória de *O príncipe* – era o desejo de oferecer aos Medici "um sinal de minha devoção" como súdito leal (3). Suas preocupações a tal respeito parecem ter até prejudicado seus critérios de argumentação normalmente objetivos, pois no capítulo 20 de *O príncipe* ele afirma com emoção que os novos governantes podem vir a descobrir "que homens que tinham visto com desconfiança nos estágios iniciais de seu governo provam ser mais confiáveis e úteis do que aqueles em quem confiaram a princípio" (74). Como essa posição é, mais tarde, totalmente rejeitada nos *Discursos* (236), fica difícil deixar de sentir um elemento de patrocínio pessoal na análise de Maquiavel aqui neste ponto, sobretudo porque ele repete ansiosamente que não pode "deixar de lembrar a todo governante" que os homens que estavam "contentes sob o regime anterior" sempre se demonstrarão "mais úteis" do que qualquer outro (74-5).

Mas a principal preocupação de Maquiavel, evidentemente, era deixar claro aos Medici que ele era um homem que valeria a pena empregar, um especialista que seria tolice dispensar. Ele insiste em sua dedicatória que, "para entender adequadamente o caráter dos governantes", é essencial ser "um homem do povo" (4). Com sua confiança habitual, ele acrescenta que suas reflexões podem ser de valor excepcional, por duas razões. Maquiavel destaca a "longa experiência nos assuntos modernos" que acumulou ao longo de "muitos anos" e com "muitas dificuldades e perigos". E ressalta com orgulho o domínio teórico da arte de governar que, ao mesmo tempo, adquiriu com seu "estudo contínuo da história antiga" – fonte indispensável de sabedoria sobre a qual refletiu "com grande cuidado" (3).

Então, o que Maquiavel pensa que pode ensinar aos príncipes em geral, e aos Medici em particular, como resultado de suas leituras e experiências? Para quem começa pelo começo, *O príncipe* não parece oferecer muito além de uma análise seca e extremamente esquemática dos tipos de principado e os meios "de adquiri-los e conservá-los" (42). No capítulo inicial, Maquiavel toma a ideia isolada de "domínio" e estabelece que todos os domínios são "ou repúblicas ou principados". Imediatamente deixa de lado o primeiro termo, observando que por ora omitirá qualquer análise das repúblicas e se concentrará exclusivamente nos principados. A seguir observa sem grande destaque que todos os principados são hereditários ou novos. Mais uma vez descarta o primeiro termo, afirmando que os governantes hereditários encontram menos dificuldades e, por isso, têm menos necessidade de seus conselhos. Concentrando-se nos principados novos, ele passa a distinguir entre os "totalmente novos" e os que "são como membros acrescentados ao estado hereditário do governante que os anexa" (5-6). Aqui ele está menos interessado na segunda categoria e, depois de três capítulos sobre os "principados mistos", ele passa, no capítulo 6, para o tópico que visivelmente mais o fascina: o dos "principados totalmente novos" (19). Nessa altura, ele faz mais uma subdivisão em seu material, e ao mesmo tempo introduz a antítese talvez mais importante de toda a sua teoria política, a antítese em torno da qual gira a argumentação de *O príncipe*. Os principados novos, afirma ele, são adquiridos e conservados ou "pelas próprias armas e pela *virtus*" ou "pelo poder de outros e pela *fortuna*" (19, 22).

Tratando dessa última dicotomia, Maquiavel novamente mostra menos interesse pela primeira possibilidade. Concorda que os que subiram ao poder por meio de "sua própria *virtù* e não pela Fortuna" são os dirigentes "mais destacados", e dá como exemplos "Moisés, Ciro, Rômulo, Teseu e outros do mesmo molde". Mas não consegue pensar em nenhum exemplo italiano moderno (à possível exceção de Francesco Sforza), e o implícito é que dificilmente pode-se contar com essa excepcional *virtù* entre a corrupção do mundo moderno (20). Em função disso, ele se concentra no caso dos principados adquiridos por Fortuna e com o auxílio de armas estrangeiras. Aqui, inversamente, os exemplos na Itália moderna lhe parecem abundantes, o mais instrutivo sendo o de César Bórgia, que "ganhou sua posição por meio da Fortuna de seu pai" e cuja carreira é "digna de ser elevada a modelo" para todos os que "chegaram ao poder por meio da *fortuna* e das armas de outros" (28).

Esse ponto marca o final das divisões e subdivisões de Maquiavel, e leva-nos à classe dos principados que constituem seu principal interesse. Nessa fase também fica claro que, embora tenha tido o cuidado de apresentar seu argumento como uma sequência de tipologias neutras, ele organizou habilmente a discussão de maneira a realçar um tipo de caso particular, e assim procedeu por causa de seu significado local e pessoal. A necessidade dos conselhos de um especialista se faz especialmente urgente, diz ele, no caso em que o governante chegou ao poder pela Fortuna e pelas armas estrangeiras. Nenhum leitor contemporâneo de *O príncipe* poderia deixar de ponderar, no momento em que Maquiavel apresentava tal consideração, que os Medici tinham acabado de reconquistar sua antiga ascendência sobre Florença em decorrência de um assombroso golpe de boa Fortuna, somado à força invencível das armas estrangeiras fornecidas por Fernando de Espanha. Isso não significa, evidentemente, que se possa descartar o argumento de Maquiavel porque teria apenas aplicação local. Mas esse dado mostra que ele queria que seus leitores da época concentrassem a atenção num tempo e num lugar específicos. O lugar era Florença; o tempo era o momento em que se redigia *O príncipe*.

A herança clássica

Quando Maquiavel e seus contemporâneos se sentiam levados – como em 1512 – a refletir sobre o imenso poder da Fortuna nos assuntos humanos, geralmente recorriam aos historiadores e moralistas romanos para lhes fornecer uma análise abalizada do caráter da deusa. Esses autores prescreviam que, se um governante deve sua posição à intervenção da Fortuna, a primeira lição que precisa aprender é temer a deusa, mesmo quando ela traz presentes. Lívio tinha apresentado uma formulação especialmente importante desse ponto no Livro XXX de sua *História*, ao descrever o momento dramático em que Aníbal finalmente se rende ao jovem Cipião. Aníbal inicia seu discurso de capitulação comentando com admiração que o conquistador tem sido até o momento "um homem a quem a Fortuna nunca iludiu". Mas essa é apenas a deixa para ele fazer uma séria advertência sobre o lugar da Fortuna nos assuntos humanos. Não só é "imenso o poder da Fortuna", mas "a maior boa Fortuna é sempre aquela em que menos se deve confiar". Se dependemos da Fortuna para nos elevar, estamos sujeitos a ter uma queda "mais terrível" quando ela se virar contra nós, o que é quase certo que venha a fazer ao final (XXX.30.12-23).

No entanto, os moralistas romanos nunca tomaram a Fortuna como uma força inexoravelmente maligna. Pelo contrário, viam-na como uma boa deusa, *bona dea*, e potencial aliada que valia a pena tentar atrair. O motivo para buscar sua amizade é, evidentemente, que ela dispõe dos bens da Fortuna, os quais imagina-se que todos os homens desejam. Esses bens são variadamente descritos: Sêneca enfatiza as honras e as riquezas; Salústio prefere apontar a glória e o poder. Mas de modo geral concordava-se que, entre todas as dádivas da Fortuna, a maior é a honra, com a glória que a acompanha. Como Cícero frisa constantemente em *De Officiis*, o bem supremo do homem é "a obtenção da glória", "o enaltecimento da honra e da glória pessoal", a aquisição da "mais verdadeira glória" que se pode alcançar (II.9-31; II.12.42; II.12.48).

Como, então, podemos persuadir a Fortuna a olhar para nós, a verter os dons de sua cornucópia sobre nós, e não sobre os outros? A resposta é que, embora seja uma divindade, a Fortuna é uma mulher; e, como mulher, o que mais a atrai é o *vir*, o homem verdadeiramente viril. Assim, uma qualidade que lhe agrada recompensar em especial é a coragem viril. Lívio, por exemplo, cita várias vezes o adágio "a Fortuna favorece os bravos". Mas a qualidade que ela mais admira é a *virtus*, o atributo epônimo do homem verdadeiramente viril. A ideia por trás dessa crença é exposta com máxima clareza nos *Debates em Túsculo* de Cícero, onde ele afirma que o critério para ser um verdadeiro homem, um *vir*, é possuir *virtus* ao mais alto grau. As implicações do tema são amplamente exploradas na *História* de Lívio, em que os sucessos alcançados pelos romanos são quase sempre explicados com o fato de que a Fortuna gosta de acompanhar e mesmo servir a *virtus*, e geralmente sorri aos que a exibem.

Com o triunfo da Cristandade, essa análise clássica da Fortuna foi totalmente subvertida. A concepção cristã, exposta da forma mais sólida por Boécio em *A consolação da filosofia*, nega fundamentalmente o postulado central de que a Fortuna pode ser influenciada. Agora a deusa é pintada como "uma potência cega", e portanto totalmente indiscriminada e indiferente na distribuição de suas dádivas. Já não é vista como amiga em potencial, mas simplesmente como uma força impiedosa; seu símbolo deixa de ser a cornucópia e passa a ser a roda, que gira inexoravelmente "como as mudanças da maré" (177-9).

Essa nova concepção da natureza da Fortuna vinha acompanhada de uma nova percepção de sua importância. Por sua própria indiferença e descaso pelo mérito humano na distribuição de suas recompensas, ela deve nos lembrar que os bens da Fortuna são totalmente indignos como metas, que o desejo de honra e glória mundana é, como diz Boécio, "absolutamente nada" (221). Em vista disso, ela serve para afastar nossos passos dos caminhos da glória, incentivando-nos a olhar para além de nossa prisão terrena, em busca de nosso lar celestial. Mas isso significa que, apesar de sua caprichosa tirania, a Fortuna é uma autêntica *ancilla dei*, uma agente da benévola providência de Deus. Pois faz parte do desígnio divino mostrar-nos que "a felicidade não pode consistir nas coisas fortuitas desta vida mortal" e, assim, levar-nos a "desprezar todos os assuntos terrenos, e na alegria dos céus rejubilar por estarmos libertos das coisas terrenas" (197, 221). É por essa razão, conclui Boécio, que Deus colocou o controle dos bens do mundo nas mãos fúteis da Fortuna. Seu objetivo é nos ensinar "que a suficiência não pode ser obtida com a riqueza, nem o poder com o reinado, nem o respeito com o cargo, nem a fama com a glória" (263).

A reconciliação entre a Fortuna e a providência, em Boécio, teve uma grande influência na literatura italiana: ela está por trás das considerações de Dante sobre a Fortuna no Canto VII de *O inferno* e fornece o tema a Petrarca em *Remédio das duas espécies de fortuna*. No entanto, com a recuperação dos valores clássicos no Renascimento, essa análise da Fortuna como *ancilla dei* foi contestada, por sua vez, com a retomada da sugestão anterior de se traçar uma distinção entre Fortuna e destino.

Esse desenvolvimento surgiu de uma mudança conceitual sobre a natureza "da excelência e da dignidade" próprias do homem. Tradicionalmente, considerava-se que elas consistiriam no fato de se possuir uma alma imortal, mas, nas obras dos sucessores de Petrarca, encontramos uma tendência crescente de deslocar a ênfase, que passa a ressaltar o livre-arbítrio. Mas a liberdade humana estaria ameaçada pelo conceito da Fortuna como uma força inexorável. Assim, encontramos a tendência correlata de rejeitar qualquer sugestão de que a Fortuna seja mera agente da providência. Um exemplo marcante é o ataque de Pico della Mirandola à pretensa ciência da astrologia, que ele critica por encarnar o falso postulado de que nossas Fortunas nos são inelutavelmente atribuídas pelas estrelas no momento em que nascemos. Um pouco mais tarde, começamos a encontrar um apelo generalizado à visão muito mais otimista – como Shakespeare faz Cássio dizer a Bruto – de que, se falhamos em nossos esforços de alcançar a grandeza, a falha deve estar "não em nossas estrelas, mas em nós mesmos".

Baseando-se nessa nova atitude em relação à liberdade, os humanistas da Itália quatrocentista puderam reconstruir a imagem clássica completa do papel da Fortuna nos assuntos humanos. Podemos vê-la em *Da família* de Leon Battista Alberti, no tratado *Sobre a Fortuna* de Giovanni Pontano e, mais notavelmente, no ensaio de Aeneas Sylvius Piccolomini chamado *Um sonho da Fortuna*, de 1444. O escritor sonha que está sendo guiado pelo reino da Fortuna, e encontra a própria deusa, que consente em responder a suas perguntas. Ela admite ser volúvel no exercício de seus poderes, pois, quando ele indaga: "Por quanto tempo você se mantém bondosa com os homens?", ela responde: "Não muito, com nenhum". Mas não é impermeável ao mérito humano e não nega a sugestão de que "existem artes pelas quais é possível ganhar seus favores". Por fim, quando ele lhe pergunta quais são as qualidades que mais lhe agradam e desagradam, ela responde com uma alusão à ideia de que a Fortuna favorece os bravos, ao dizer que "os que carecem de coragem são mais detestáveis do que qualquer outro".*

Quando Maquiavel passa a discutir "o poder da Fortuna nos assuntos humanos", no penúltimo capítulo de *O príncipe*, ele se mostra um típico representante das posições humanistas em sua abordagem desse tema crucial. O capítulo começa invocando a crença costumeira

---

* PICCOLOMINI, Aeneas Sylvius, "Somnium de Fortuna", in *Opera Omnia*. Basileia, 1551, p. 616.

de que os homens são "governados pela Fortuna e por Deus" e notando a evidente implicação de que "não temos nenhum remédio" contra as variações do mundo, pois tudo está previamente ordenado pela providência (84). Contrariando esses postulados cristãos, Maquiavel imediatamente apresenta uma análise clássica da liberdade. Reconhece, naturalmente, que a liberdade humana está longe de ser completa, visto que a Fortuna possui imenso poder e "pode ser o árbitro de metade de nossas ações". Mas, ressalva ele, supor que nosso destino está inteiramente nas mãos dela seria "anular a liberdade humana". E, como Maquiavel é firme adepto da visão humanista de que "Deus não quer fazer tudo, para não nos privar de nossa liberdade e da glória que nos pertence", ele conclui que cerca de metade de nossas ações certamente está sob nosso controle e não sob o domínio da Fortuna (84-5, 89).

A imagem mais vívida de Maquiavel para esse conceito do homem como senhor de seu destino também é de inspiração clássica. Ele acentua que "a Fortuna é uma mulher" e por isso pode ser prontamente atraída por qualidades viris (87). Assim, ele enxerga a efetiva possibilidade de que o homem se faça aliado da Fortuna, aprenda a agir em harmonia com seus poderes, neutralizando sua natureza volúvel e assim mantendo êxito em todos os seus assuntos.

Isso traz Maquiavel à questão central que os moralistas romanos haviam colocado originalmente. Como podemos pretender firmar uma aliança com a Fortuna, como podemos fazê-la sorrir para nós? Ele responde usando os mesmos termos que os antigos já tinham usado. Ressalta que ela é amiga dos bravos, daqueles que são "menos cautelosos e mais agressivos". E desenvolve a ideia de que a Fortuna se excita principalmente com a *virtus* do verdadeiro *vir*, e a ela responde. Primeiro, Maquiavel faz a asserção negativa de que a Fortuna é, acima de tudo, levada à fúria e ao ódio pela falta de *virtù*. Assim como a presença da *virtù* funciona como uma represa contra seu ímpeto, da mesma forma ela sempre dirige sua fúria para onde sabe "que não foi construído nenhum dique ou barragem". Maquiavel chega a sugerir que ela apenas mostra seu poder quando os homens de *virtù* não conseguem enfrentá-la – o implícito sendo que ela admira tanto essa qualidade que nunca solta seu veneno mortal contra os que a manifestam (85, 87).

Além de reiterar esses argumentos clássicos, Maquiavel lhes dá uma conotação erótica incomum. Ele insinua que, na verdade, a Fortuna pode sentir um prazer perverso em ser tratada com violência. Não só afirma que a "fortuna é uma mulher e, se você quiser controlá-la, é necessário tratá-la com rudeza", como acrescenta que ela se sente de fato "mais inclinada a se entregar a homens" que "a tratam com mais ousadia" (87).

A sugestão de que os homens podem se aproveitar da Fortuna dessa maneira tem sido apresentada, por vezes, como uma percepção especificamente maquiaveliana. Mas mesmo aqui Maquiavel se baseia num reservatório de imagens conhecidas. A ideia de que se deve enfrentar a Fortuna com violência foi destacada por Sêneca, enquanto Piccolomini, em seu *Sonho da Fortuna*, chegou a explorar as conotações eróticas dessa crença. Quando ele pergunta: "Quem é capaz de conservá-la mais do que os outros?", a Fortuna confessa que se sente atraída sobretudo por homens "que refreiam meu poder com o maior vigor". E quando finalmente ele se atreve a perguntar: "Quem é, entre os vivos, o mais aceitável para você?", ela diz que vê com desprezo "os que fogem de mim" e fica extremamente excitada "pelos que me põem em fuga".

Se os homens são capazes de dobrar a Fortuna e assim alcançar seus mais altos fins, a próxima pergunta a ser feita é: quais os fins que um novo príncipe deve colocar a si mesmo? Maquiavel começa por estabelecer uma condição mínima, utilizando uma expressão que se repete em todo *O príncipe*. O objetivo básico deve ser *mantenere lo stato*, com o que ele quer dizer que um novo governante deve preservar o atual estado de coisas e, principalmente, manter o controle do sistema de governo vigente. Além da mera sobrevivência, porém, há fins muito maiores a ser perseguidos; ao especificá-los, mais uma vez Maquiavel se revela autêntico herdeiro dos historiadores e moralistas romanos. Ele supõe que todos os homens querem, acima de tudo, adquirir os bens da Fortuna. Assim ignora totalmente o ditame cristão ortodoxo (frisado, por exemplo, por são Tomás de Aquino em *O governo de príncipes*) de que um bom governante deve evitar as tentações da glória e da riqueza mundana, para garantir que alcançará suas recompensas celestes. Para Maquiavel, pelo contrário, parece óbvio que os prêmios mais altos que os homens necessariamente disputam são "glória e riqueza" – as duas melhores dádivas que a Fortuna tem o poder de distribuir (85).

Mas, como os moralistas romanos, Maquiavel põe de lado a aquisição de riquezas como objetivo sórdido e argumenta que o fim mais nobre para um príncipe "previdente e virtuoso" deve ser instaurar uma forma de governo "que lhe trará honra" e o fará glorioso (87). Para os novos governantes, acrescenta ele, existe mesmo a possibilidade de ganhar uma "dupla glória": têm não só a oportunidade de criar um novo principado, mas também de fortalecê-lo "com leis justas, armas fortes, aliados de confiança e conduta exemplar" (83). Assim, a obtenção de honra e glória mundana é o mais alto fim para Maquiavel, tal como para Lívio ou Cícero. No último capítulo de *O príncipe*, ao indagar se a condição da Itália permitiria sucesso a um novo governante, para ele a pergunta equivale a indagar se um homem de *virtù* pode esperar "moldá-la numa forma que lhe traga honra" (87). E quando expressa sua admiração por Fernando de Espanha – o estadista contemporâneo que mais respeita –, a razão apresentada é que Fernando fez "grandes coisas" que o tornaram "o rei mais famoso e glorioso da Cristandade" (76).

Esses fins, pensa Maquiavel, não são especialmente difíceis de alcançar – pelo menos em sua forma mínima – quando se herda um domínio "acostumado ao governo de membros pertencentes à família do príncipe atual" (6). Mas, para um novo príncipe, é muito árduo alcançá-los, especialmente se ele deve sua posição a um golpe de boa Fortuna. Tais regimes "não conseguem desenvolver bem suas raízes" e estão sujeitos a ser arrancados pelo primeiro vento desfavorável que a Fortuna escolher lhes enviar (23). E não podem – ou melhor, peremptoriamente não devem – confiar de maneira alguma que a Fortuna continue a ser benévola, pois seria confiar na mais inconfiável força presente nos assuntos humanos. Para Maquiavel, a próxima pergunta – e a mais crucial – é, portanto, a seguinte: quais as máximas, quais os preceitos que podem ser oferecidos a um novo governante para que lhe permitam, se forem "habilmente postos em prática", "parecer muito bem estabelecido" (83)? É sobretudo a resposta a essa pergunta que ocupa o restante da obra.

A revolução maquiaveliana

O conselho de Maquiavel aos novos príncipes é apresentado em duas partes principais. O primeiro ponto essencial é que "as principais fundações de todos os estados" são "boas leis e bons exércitos". Aliás, os bons exércitos são ainda mais importantes do que as boas leis, pois "é impossível existir boas leis se faltarem boas armas", ao passo que, "se existem boas armas, também devem existir boas leis" (42-3). A moral – apresentada com uma típica pitada de exagero – é que um príncipe sábio "não deve ter nenhum outro objetivo e nenhuma outra preocupação" a não ser "a guerra e seus métodos e práticas" (51-2).

Maquiavel passa a especificar que os exércitos são basicamente de dois tipos: mercenários contratados e milícias de cidadãos. Na Itália, o sistema mercenário era empregado quase sem exceções, mas no capítulo 12 Maquiavel lança um ataque radical contra ele. "Por muitos anos", os italianos têm sido "controlados por exércitos mercenários", e os resultados foram medonhos: a península inteira "foi assolada por Carlos, saqueada por Luís, devastada por Fernando e espezinhada pelos suíços" (47). E nem poderia se esperar nada melhor, pois todos os mercenários "são inúteis e perigosos". São "desunidos, ambiciosos, indisciplinados e traiçoeiros", e sua capacidade destrutiva "é adiada apenas até o momento em que são chamados a lutar" (43). Para Maquiavel, as implicações são evidentes, e ele as apresenta com grande ênfase no capítulo 13. Os príncipes sábios sempre "evitam usar essas tropas e formam exércitos com seus próprios homens". Ele está tão convicto disso que chega a acrescentar a afirmação quase absurda de que eles "preferem perder usando as próprias tropas do que vencer usando tropas estrangeiras" (49).

Tamanha veemência requer alguma explicação, principalmente em vista do fato de que a maioria dos historiadores chegou à conclusão de que o sistema mercenário geralmente funcionava com grande eficiência. Uma hipótese é que Maquiavel, neste ponto, estaria apenas seguindo uma tradição literária. A posição de que a verdadeira cidadania supõe o porte de armas tinha sido expressamente defendida por Lívio e Políbio, além de Aristóteles, e fora adotada por diversas gerações de humanistas florentinos, desde que Leonardo Bruni e seus discípulos ressuscitaram o tema. Mas, para Maquiavel, seria muito difícil seguir servilmente mesmo seus autores mais diletos. Parece mais provável que, embora lance um ataque geral contra o uso de soldados contratados, ele esteja pensando especificamente nos infortúnios de sua cidade natal, que sem dúvida sofreu uma série de humilhações nas mãos de seus comandantes mercenários durante a longa guerra contra Pisa. Não só a campanha de 1500 foi totalmente catastrófica, como também ocorreu um fiasco semelhante quando Florença lançou uma outra ofensiva em 1505: os capitães de dez companhias mercenárias se amotinaram logo no início do ataque, e em uma semana a operação teve de ser abortada.

Como vimos, Maquiavel ficara chocado ao descobrir, na época do desastre de 1500, que os franceses escarneciam dos florentinos por causa de sua incompetência militar, e especialmente por causa de sua incapacidade de impor obediência à Pisa. Depois do novo fracasso em 1505, ele tomou o problema nas mãos e elaborou um projeto detalhado de substituição das tropas contratadas por uma milícia de cidadãos de Florença. O conselho maior aceitou provisoriamente a ideia em dezembro de 1505, e Maquiavel foi autorizado a dar início ao recrutamento. Em fevereiro do ano seguinte, estava pronto para fazer o primeiro desfile na cidade, a que assistiu o cronista Luca Landucci com grande admiração e anotou em seu diário: "Foi considerada a coisa mais bonita já realizada para Florença".* No verão de 1506, Maquiavel escreveu *Uma provisão para a infantaria*, insistindo em "quão pouca esperança se pode depositar em armas estrangeiras e contratadas" e sustentando que a cidade devia estar "armada com suas próprias armas e seus próprios homens" (3). No final do ano, o conselho maior enfim se convenceu.

---

* LANDUCCI, Luca, *A Florentine Diary from 1450 to 1516*. Trad. A. Jervis. Londres, 1927, p. 218.

Foi criada uma nova comissão do governo – os Nove da Milícia –, Maquiavel foi nomeado seu secretário, e um dos ideais mais acalentados do humanismo florentino se tornou realidade.

Poderia se supor que o entusiasmo de Maquiavel com seus milicianos teria se esfriado após a demonstração desastrosa de 1512, quando foram enviados para defender Prato e acabaram repelidos sem qualquer esforço pelo avanço da infantaria espanhola. Mas na verdade seu ardor continuou inalterado. Um ano depois, no final de *O príncipe*, ele assegurava aos Medici que a coisa mais importante a fazer, "acima de todas as outras", era equipar Florença com seus próprios exércitos (90). Ao publicar sua *Arte da guerra* em 1521 – seu único tratado sobre a arte de governar publicado em vida –, Maquiavel reiterou os mesmos argumentos. O Livro I é inteiramente dedicado a defender "o método do exército de cidadãos" contra os que duvidam de sua utilidade (580). Naturalmente Maquiavel reconhece que tais tropas não são invencíveis, mas insiste em sua superioridade em relação a qualquer outro tipo de força (585). Conclui com a extravagante afirmativa de que é uma contradição em termos considerar sábio um homem que vê defeito na ideia de um exército de cidadãos.

Agora podemos entender por que Maquiavel ficou tão impressionado com César Bórgia como comandante militar e asseverou em *O príncipe* que o melhor preceito a se oferecer a um novo governante era o exemplo de conduta do duque (23). Pois Maquiavel, como vimos, estava presente quando o duque tomou a decisão implacável de eliminar seus capitães mercenários e de substituí-los com seus próprios soldados. Essa estratégia audaciosa parece ter exercido um impacto decisivo na formação das ideias de Maquiavel. Ele volta a ela ao levantar a questão da política militar no capítulo 13 de *O príncipe*, tratando-a como ilustração exemplar das medidas que devem ser adotadas por todo novo governante. Bórgia é elogiado, em primeiro lugar, por ter reconhecido sem hesitar que os chefes mercenários são perigosamente desleais e merecem ser impiedosamente destruídos. E Maquiavel lhe tece elogios ainda mais calorosos por ter aprendido a lição básica que todo novo príncipe precisa aprender, caso queira manter seu estado: deve deixar de confiar na Fortuna e nas armas estrangeiras, passando a montar exércitos próprios e se fazer "pleno senhor de suas forças" (25-6, 49).

As armas e o homem: estes são os dois grandes temas de Maquiavel em *O príncipe*. A outra lição que ele quer ensinar aos governantes de sua época é que, além de ter um exército forte, um príncipe que pretende galgar as alturas da glória deve cultivar as qualidades corretas de comando. A natureza dessas qualidades já tinha sido analisada pelos moralistas romanos, que criaram uma importante tradição. Argumentavam, em primeiro lugar, que todos os grandes líderes precisam, em alguma medida, ser afortunados. Pois, se a Fortuna não vier a nos sorrir, nenhum esforço humano por si só pode nos levar a nossos mais altos fins. Como vimos, porém, eles também sustentavam que um determinado leque de características – as do *vir* – tende a atrair as atenções favoráveis da Fortuna, e dessa maneira praticamente garantem-nos a obtenção da honra, da glória e da fama. Cícero foi quem melhor sintetizou os postulados que fundam tal concepção em seus *Debates em Túsculo*. Ele afirma que, se agirmos por sede de *virtus* sem pretender com isso adquirir glória, teremos a melhor possibilidade de também adquirir glória, desde que a Fortuna sorria, pois a glória é a recompensa da *virtus* (1.38.91).

Essa análise foi adotada sem alterações pelos humanistas da Itália renascentista. No final do século XV, havia se desenvolvido um amplo leque de manuais de aconselhamento aos príncipes que, com a invenção da imprensa, começara a alcançar um público leitor de dimensões inéditas. Escritores ilustres como Bartolomeo Sacchi, Giovanni Pontano e Francesco Patrizi escreveram guias de orientação aos novos governantes, todos baseados no mesmo princípio básico: que a posse da *virtus* é a chave do sucesso do príncipe. Como Pontano proclama com uma certa grandiloquência em seu tratado sobre *O príncipe*, todo governante que queira alcançar seus mais nobres fins "deve se dispor a seguir os ditames da *virtus*" em todos os seus atos públicos. A *virtus* é "a coisa mais esplêndida no mundo", mais magnificente do que o próprio sol, pois "os cegos não enxergam o sol", mas "mesmo eles enxergam a *virtus* com a maior clareza possível".*

Maquiavel reitera exatamente as mesmas crenças sobre as relações entre *virtù*, Fortuna e consecução de objetivos políticos. Em primeiro lugar, ele expõe claramente essa posição humanista no capítulo 6 de *O príncipe*, declarando que "num principado totalmente novo, onde há um novo governante, a dificuldade que terá em mantê-lo" dependerá basicamente de ser ele "mais ou menos virtuoso" (19). Esse ponto é corroborado adiante, no capítulo 24, que se destina a explicar "por que os governantes da Itália perderam seus estados" (83). Maquiavel insiste que eles não devem culpar a Fortuna por suas desgraças, porque "ela apenas mostra seu poder" quando os homens de *virtù* não estão preparados para resistir a ela (84, 85). Suas perdas se devem tão somente à sua incapacidade de reconhecer que as únicas defesas "eficientes, certas e duradouras" são as que se fundam na própria *virtù* (84). O papel da *virtù* é destacado mais uma vez no capítulo 26, a ardorosa "Exortação" para libertar a Itália que encerra *O príncipe*. Aqui Maquiavel retorna aos líderes

---

* Pontano, Giovanni, "De principe", in *Prosatori Latini del Quattrocento*, ed. E. Garin. Milão, s/d, p. 1042-4.

incomparáveis louvados no capítulo 6 por sua "destacada *virtù*" – Moisés, Ciro e Teseu. Ele sugere que apenas uma soma de suas assombrosas capacidades e a mais alta boa Fortuna permitirá que a Itália seja salva. E acrescenta – num raro momento de lisonja – que a gloriosa família dos Medici felizmente possui todas as qualidades necessárias: possuem enorme *virtù*, são imensamente favorecidos pela Fortuna e igualmente "favorecidos por Deus e pela Igreja" (88).

Muitas vezes deplora-se que Maquiavel não dê nenhuma definição de *virtù* e que tampouco faça um uso sistemático do termo. Mas agora ficará evidente que ele emprega o termo com absoluta coerência. Seguindo seus autores clássicos e humanistas, ele trata a *virtù* como aquela qualidade que permite a um príncipe enfrentar os golpes da Fortuna, atrair o favor da deusa e se elevar, em decorrência disso, aos pináculos da fama de príncipe, conquistando honra e glória para si e segurança para seu governo.

Mas resta ainda considerar quais são as características específicas que se esperam num homem de qualidades virtuosas. Os moralistas romanos legaram uma análise complexa do conceito de *virtus*, geralmente pintando o verdadeiro *vir* como possuidor de três grupos distintos, mas relacionados, de qualidades. Em primeiro lugar, consideravam que ele seria dotado das quatro virtudes "cardeais" da prudência, justiça, fortaleza e temperança – as virtudes que Cícero (segundo Platão) havia assinalado no primeiro livro de *De Officiis*. Mas também lhe creditavam uma série adicional de qualidades que, mais tarde, viriam a ser vistas como "principescas". A principal delas – a virtude central do *De Officiis* de Cícero – era o que este chamava de "honestidade", entendendo pelo termo a disposição de honrar a palavra dada e tratar sempre a todos com respeito. Era suplementada por mais dois atributos, ambos descritos em *De Officiis*, mas analisados mais longamente por Sêneca, que dedicou um tratado específico a cada um deles. Um era a magnanimidade do príncipe, tema de *Da clemência* de Sêneca; o outro era a liberalidade, um dos grandes tópicos abordados por Sêneca em *Dos benefícios*. Por fim, o verdadeiro *vir* se caracterizaria por sua firme convicção de que, para alcançar os fins da honra e da glória, é preciso se conduzir sempre da maneira mais virtuosa possível. Este ponto – é sempre racional ser moral – ocupa o cerne do *De Officiis* ciceroniano. No Livro II, ele observa que muitos homens acreditam "que uma coisa pode ser moralmente certa sem ser conveniente, e ser conveniente sem ser moralmente certa". Mas isso é uma ilusão, pois somente por métodos morais podemos esperar alcançar o objeto de nossos desejos. Qualquer aparência ao contrário será totalmente enganadora, pois a conveniência nunca pode estar em conflito com a retidão moral (II.3.9-10).

Essa análise foi retomada em sua inteireza pelos escritores dos manuais de conselhos aos príncipes do Renascimento. Tomavam como pressuposto fundamental que o conceito geral de *virtus* devia se referir à lista completa das virtudes cardeais e das virtudes principescas, a qual continuaram a ampliar e subdividir com tanta atenção às nuances que, num tratado como *A educação do rei*, de Patrizi, encontramos a ideia global de *virtus* dividida numa série de nada menos de quarenta virtudes morais que o governante deve adquirir. A seguir, eles adotaram sem hesitar a questão de que o curso racional de ação a ser seguido pelo príncipe será sempre o moral, defendendo com tanta firmeza este ponto que se tornou proverbial dizer que "a honestidade é a melhor política". E, por fim, contribuíram com uma objeção especificamente cristã contra qualquer separação entre a conveniência e o campo moral. Insistiam que, mesmo que tenhamos sucesso em promover nossos interesses cometendo injustiças nesta vida, só podemos esperar que essas aparentes vantagens desapareçam quando formos justamente punidos pelo castigo divino na vida do além.

Ao examinar os tratados morais dos contemporâneos de Maquiavel, vemos esses argumentos repetidos incansavelmente. Mas, passando para *O príncipe*, vemos a súbita e violenta subversão desse aspecto da moral humanista. Essa guinada começa no capítulo 15, quando Maquiavel se põe a discutir as virtudes e os vícios dos príncipes e nos avisa calmamente: "Sei que muitas pessoas escreveram sobre este assunto", mas "o que tenho a dizer difere dos preceitos oferecidos por outros" (54). Ele começa mencionando os clichês humanistas correntes: que existe um grupo especial de virtudes principescas; que entre elas inclui-se a necessidade de ser liberal, clemente e honesto; e que todos os governantes têm o dever de cultivar essas qualidades. A seguir ele admite – ainda num veio humanista ortodoxo – que "seria extremamente louvável" que um príncipe pudesse sempre agir dessa maneira. Mas em seguida Maquiavel rejeita completamente o postulado humanista fundamental de que são essas as virtudes necessárias a um governante para atingir seus fins mais elevados. Ele considera essa crença – o próprio cerne e núcleo dos guias de orientação humanista aos príncipes – como um erro flagrante e catastrófico. Naturalmente Maquiavel concorda sobre a natureza dos fins a serem buscados: todo príncipe deve procurar manter seu estado e conquistar glória para si. Mas objeta que, se quiser alcançar tais fins, nenhum governante pode ter ou praticar plenamente todas as qualidades usualmente "tidas como boas". A situação em que se encontra qualquer príncipe é a de tentar proteger seus interesses num mundo sombrio povoado de homens inescrupulosos. Se, nessas circunstâncias, ele "não faz o que geralmente é feito, mas persiste em fazer o que deveria ser feito", simplesmente irá "arruinar seu poder em vez de mantê-lo" (54).

Assim, a crítica de Maquiavel ao humanismo clássico e contemporâneo é simples e devastadora. Ele sustenta que o governante, desejando alcançar seus fins mais altos, verá que nem sempre o racional é moral; pelo contrário, descobrirá que qualquer tentativa sistemática de cultivar as virtudes principescas se demonstrará uma política calamitosamente irracional (62). Mas como fica a objeção cristã de que essa seria uma posição tola, além de maligna, visto esquecer que, no dia do juízo final, todas as injustiças serão punidas? Sobre isso, Maquiavel não diz uma única palavra. Seu silêncio é eloquente, e de fato marcou época; ecoou por toda a Europa cristã, sendo de início recebido com um silêncio de assombro, e depois com um alarido de execração que nunca cessou por completo.

Se os príncipes não devem se conduzir de acordo com os preceitos da moral convencional, como então devem se conduzir? A resposta da Maquiavel – o cerne de seu conselho positivo aos novos governantes – é dada no começo do capítulo 15. Um príncipe sábio será guiado acima de tudo pelos ditames da necessidade: se "deseja manter seu poder", ele deve estar sempre "preparado para agir imoralmente quando for necessário" (55). Três capítulos adiante, repete-se essa doutrina básica. Um príncipe sábio faz o bem quando pode, mas, "se for necessário reprimir", ele "deve estar preparado para agir do modo contrário e ser capaz de fazê-lo". Além disso, deve se reconciliar com o fato de que, "para manter seu poder", *frequentemente* será obrigado pela necessidade a "agir de modo traiçoeiro, impiedoso ou desumano" (62).

Como vimos, a importância crucial dessa percepção se evidenciou a Maquiavel logo no começo de sua carreira diplomática. Foi depois de conversar com o cardeal de Volterra em 1503, e com Pandolfo Petrucci cerca de dois anos mais tarde, que ele se sentiu impelido a registrar originalmente aquilo que se tornaria depois sua principal convicção política: a chave do sucesso de um governo consiste em reconhecer a força das circunstâncias, aceitar o que dita a necessidade e adaptar sua conduta aos tempos. Um ano depois de Pandolfo lhe dar essa receita para o sucesso do príncipe, vemos Maquiavel apresentar pela primeira vez uma série de observações semelhantes, como posição própria. Instalado em Perugia em setembro de 1506, observando o avanço febril da campanha de Júlio II, pôs-se a cismar numa carta a seu amigo Giovan Soderini sobre as razões da vitória e da derrota nos assuntos civis e militares. E declara: "A natureza deu a cada homem um talento e uma inspiração particular", que "controlam cada um de nós". Mas "os tempos são variáveis" e "sujeitos a mudanças constantes", de forma que "aqueles que não conseguem alterar sua maneira de proceder" estão fadados a encontrar "ora a boa, ora a má Fortuna". A moral é óbvia: se um homem deseja "gozar sempre de boa Fortuna", deve "ser sábio o suficiente para se adequar aos tempos". De fato, se cada qual assim "comandasse sua natureza" e "emparelhasse seu procedimento com sua época", então "se tornaria realmente verdade que o sábio pode governar as estrelas e os destinos" (73).

Ao escrever *O príncipe* sete anos mais tarde, Maquiavel praticamente copiou esses "caprichos", como dizia em tom depreciativo, no capítulo sobre o papel da Fortuna nos assuntos humanos. Cada qual, escreve ele, gosta de seguir sua tendência particular: um procede com cautela, outro com ímpeto; um pela violência, outro pela astúcia. Mas enquanto isso "os tempos e as circunstâncias mudam", de forma que o governante que "não muda seus métodos" acabará "por se lamentar". Mas a Fortuna não mudaria se o homem aprendesse a "modificar seu caráter para se adequar aos tempos e às circunstâncias". Assim, o príncipe bem-sucedido sempre será aquele que acompanha os tempos (85-6).

Agora fica evidente que a revolução empreendida por Maquiavel no gênero dos manuais de aconselhamento aos príncipes se baseava, em verdade, na redefinição do conceito central de *virtù*. Ele endossa o postulado convencional de que *virtù* é o nome que designa aquela série de qualidades que permite ao príncipe aliar-se à Fortuna e conquistar honra, glória e fama. Mas ele dissocia o sentido do termo de qualquer ligação necessária com as virtudes cardeais e as virtudes principescas. Em lugar disso, Maquiavel sustenta que a característica definidora de um príncipe realmente virtuoso é a disposição de fazer o que dita a necessidade – seja a ação má ou virtuosa – a fim de alcançar seus fins mais altos. Assim, a *virtù* passa a designar exatamente a qualidade de flexibilidade moral indispensável a um príncipe: "Ele deve estar preparado para alterar sua conduta quando os ventos da fortuna e a variação das circunstâncias o forçam a isso" (62).

Maquiavel se empenha em apontar que essa conclusão abre um fosso intransponível entre ele e toda a tradição do pensamento político humanista, e o faz em seu estilo irônico mais desabrido. Para os moralistas clássicos e seus incontáveis seguidores, a virtude moral sempre foi a característica definidora do *vir*, o homem de verdadeira virilidade. Por isso, abandonar a virtude não era apenas agir irracionalmente; era também abandonar a própria condição de homem e descer ao nível dos animais. Como havia dito Cícero no Livro I de *De Officiis*, existem duas maneiras de fazer o mal: pela força ou pela fraude. Ambas, declara ele, "são bestiais" e "totalmente indignas do homem" – a força porque tipifica o leão, a fraude porque "parece pertencer à raposa astuciosa" (I.13.41).

Para Maquiavel, por outro lado, parecia evidente que a virilidade não basta. De fato, existem duas maneiras de agir, concorda ele no começo do capítulo 18, sendo "a primeira própria dos homens, a segunda dos animais". Mas, "como aquela é muitas vezes ineficaz, é preciso recorrer a esta" (61). Portanto, um príncipe precisa saber quais animais deve imitar. O célebre conselho de Maquiavel é que ele se sairá melhor se aprender a imitar "tanto a raposa quanto o leão", complementando os ideais de decência viril com as artes bestiais da força e da fraude (61). Essa concepção é reforçada no capítulo seguinte, em que Maquiavel trata de um de seus personagens históricos favoritos, o imperador romano Sétimo Severo. Primeiro, ele nos assegura que o imperador era um homem de enorme *virtù* (68). A seguir, explicando seu juízo, ele acrescenta que as grandes qualidades de Sétimo eram as de "um ferocíssimo leão e de uma astutíssima raposa", e por isso era "temido e respeitado por todos" (69).

Maquiavel termina sua análise indicando as linhas de conduta que se esperam de um príncipe realmente virtuoso. No capítulo 19, ele aborda o tema de maneira negativa, frisando que tal governante nunca fará nada desprezível e sempre terá o maior cuidado para evitar ser objeto de ódio (63). No capítulo 21, ele expõe as implicações positivas. Tal príncipe sempre avançará com ousadia, seja como "verdadeiro aliado ou inimigo declarado". Ao mesmo tempo, fará questão, como Fernando de Espanha, de se apresentar aos súditos com a maior majestade possível, fazendo "grandes coisas" e mantendo seus súditos "num estado de expectativa e assombro enquanto aguardam o desfecho" (77).

À luz dessa explicação, é fácil entender por que Maquiavel sentia tanta admiração por César Bórgia e queria apresentá-lo – apesar de suas óbvias limitações – como modelo de *virtù* para outros novos príncipes. Pois Bórgia havia demonstrado, numa terrível ocasião, que entendia claramente a importância suprema de evitar o ódio do povo e, ao mesmo tempo, de mantê-lo com medo. A ocasião foi quando ele percebeu que seu governo da Romanha, nas mãos competentes, mas tirânicas, de Rimirro de Orco, estava correndo o mais sério perigo de todos, o de ser odiado pelos que viviam sob ele. Como vimos, Maquiavel foi testemunha da solução cruel que Bórgia deu ao dilema: a execução sumária de Rimirro e a exposição de seu cadáver em praça pública em sacrifício à ira popular.

A convicção de Maquiavel de que era imperiosamente necessário evitar o ódio e o desprezo do povo deve datar desse momento. Mas, mesmo que a ação do duque servisse apenas para corroborar sua percepção das realidades políticas, não há dúvida de que o episódio o deixou profundamente impressionado. Quando passou a tratar das questões do ódio e do desprezo em *O príncipe*, foi exatamente esse o episódio que invocou para ilustrar seu argumento. Maquiavel deixa claro que a ação de Bórgia o levou a refletir e a considerá-la profundamente correta. Era uma ação decidida; exigiu coragem; trouxe o exato efeito desejado, pois "deixou o povo satisfeito e surpreso", e ao mesmo tempo removeu a causa do ódio popular. Sintetizando o episódio em seu tom mais neutro, Maquiavel observa que a linha de ação merece não só ser "conhecida", mas também "imitada por outros" (26).

A nova moral

Maquiavel sabe muito bem que sua nova análise da *virtù* própria dos príncipes traz algumas novas dificuldades. Ele expõe o dilema principal no capítulo 15: por um lado, "um governante que deseja manter o poder deve estar preparado para agir imoralmente quando for necessário"; mas, por outro lado, deve cuidar para não adquirir a fama de ser um homem cruel, pois isso, em vez de assegurar, destruirá seu poder (55). O problema é como evitar parecer cruel quando não se pode deixar de agir cruelmente.

Além disso, o dilema é ainda mais agudo do que parece, pois o verdadeiro objetivo do príncipe não é meramente assegurar sua posição, mas também conquistar honra e glória. Como indica Maquiavel, ao relatar a história de Agátocles da Sicília no capítulo 8, isso aumenta muito as dificuldades da situação em que se encontra qualquer novo governante. Agátocles, diz-nos ele, "sempre levou uma vida muito dissoluta" e era conhecido por sua "conduta pavorosamente cruel e desumana". Esses atributos lhe trouxeram um imenso sucesso, permitindo-lhe erguer-se das "origens mais baixas e abjetas" e tornar-se rei de Siracusa, mantendo seu principado "sem nenhuma guerra civil" (301). Todavia, como alerta Maquiavel numa passagem extremamente reveladora, tais francas crueldades podem granjear poder, "mas não glória". Embora Agátocles tenha conseguido manter seu estado por meio dessas qualidades, elas "não podem ser chamadas *virtù*" e "impedem que ele seja incluído entre os homens excelentes" (31).

Maquiavel não admite que se possa resolver o dilema colocando-se limites coercitivos à crueldade do príncipe nem, de modo geral, comportando-se honradamente para com os próprios súditos e aliados. É exatamente isso que não se pode pretender fazer, porque todos os homens em todos os tempos "são ingratos, inconstantes, dissimulados e hipócritas, pusilânimes, gananciosos", de modo que qualquer governante "que confie plenamente em suas promessas e se descuide de preparar outras defesas estará arruinado" (59). A implicação é que um príncipe, e sobretudo um novo príncipe, frequentemente – e não apenas ocasionalmente – será obrigado pela necessidade a agir de forma contrária à humanidade, caso queira manter sua posição e evitar ser ludibriado (62).

São dificuldades sérias, mas podem ser transpostas. Basta ao príncipe lembrar que, embora não seja necessário ter todas as qualidades usualmente consideradas boas, é indispensável parecer tê-las (66). É desejável ser considerado generoso; é sensato parecer clemente e não cruel; é essencial geralmente parecer meritório (56, 58, 64). Assim, a solução é se tornar um grande simulador e dissimulador, aprendendo a habilidade de "confundir astuciosamente os homens" e fazê-los crer em seus fingimentos (61).

Cedo Maquiavel recebeu uma lição sobre o valor de confundir astuciosamente os homens. Como vimos, ele estivera presente à luta que se desenvolveu entre César Bórgia e Júlio II nos últimos meses de 1503, e é evidente que as impressões que lhe ficaram daquela ocasião ainda ocupavam lugar de destaque em seu espírito quando escreveu sobre a questão da dissimulação em *O príncipe*. Ele remete imediatamente ao episódio que havia presenciado, usando-o como o principal exemplo da necessidade de se manter em guarda constante contra a duplicidade dos príncipes. Júlio, lembra ele, conseguiu ocultar seu ódio a Bórgia com tanta astúcia que levou o duque a cair no clamoroso erro de crer "que novos benefícios fazem os homens importantes esquecerem antigas injúrias" (29). Então ele pôde dar um emprego decisivo a seus poderes de dissimulação. Ganhando a eleição papal com o pleno apoio de Bórgia, Júlio subitamente revelou seus verdadeiros sentimentos, virou-se contra o duque e causou sua derrocada final. Nesse aspecto, sem dúvida Bórgia cometeu um erro crasso, e Maquiavel crê que ele merece ser severamente repreendido pela falha. Bórgia deveria saber que o talento para semear confusão faz parte do arsenal de qualquer príncipe bem-sucedido (34).

Mas Maquiavel não devia ignorar que, ao recomendar as artes do ludíbrio como chave do sucesso, corria o risco de parecer demasiado insincero. Os moralistas mais ortodoxos nunca se negaram a avaliar a hipótese de que a hipocrisia poderia ser usada como atalho para a glória, mas sempre vieram a descartar tal possibilidade. Cícero, por exemplo, havia apresentado explicitamente a ideia no Livro II de *De Officiis*, apenas para afastá-la como flagrante absurdo. Diz ele: quem "pensa que pode conquistar glória duradoura pela simulação" está "muito enganado". Isso porque "a verdadeira glória lança raízes profundas e estende ampla ramagem", ao passo que "todas as simulações logo caem por terra como flores frágeis" (II.12.43).

Maquiavel responde, como antes, rejeitando esses fervorosos sentimentos em seu estilo mais irônico. No capítulo 18, ele insiste que a prática da hipocrisia não é apenas indispensável ao governo do príncipe, mas é capaz de ser sustentada sem muita dificuldade pelo tempo que possa se fazer necessário. Ele apresenta duas razões distintas para essa conclusão deliberadamente provocadora. A primeira é que os homens, em sua maioria, são tão simplórios e sobretudo tão propensos a se iludir que geralmente tomam as coisas tais como se apresentam, de maneira totalmente acrítica (62). A outra é que, quando se trata de avaliar a conduta dos príncipes, mesmo os observadores mais perspicazes estão fadados em larga medida a julgar pelas aparências. Isolado da plebe, sustentado pela majestade de seu papel, o príncipe ocupa uma posição em que "todos podem ver o que se aparenta ser", mas "poucos veem diretamente o que realmente se é" (63). Assim, não há por que supor que seus pecados irão denunciá-lo; pelo contrário, "um dissimulador hábil sempre encontrará inúmeras pessoas que se deixarão iludir" (62).

Uma outra questão tratada por Maquiavel é a atitude que deveríamos adotar em relação às novas regras que se pretende inculcar. À primeira vista, ele parece adotar uma posição moral relativamente convencional. No capítulo 15, concorda que "seria extremamente louvável" que os novos príncipes exibissem aquelas qualidades usualmente consideradas boas e equipara o abandono das virtudes principescas ao processo de aprender a "agir imoralmente" (55). A mesma escala de valores ressurge mesmo no célebre capítulo chamado "Como os governantes devem manter suas promessas". Maquiavel começa por afirmar que todos entendem quão louvável é um governante que "vive com integridade e não por ardis" (61). Ele insiste que um príncipe não deve apenas parecer convencionalmente virtuoso, mas deve "realmente sê-lo" na medida em que as circunstâncias o permitam. Não deve "se desviar da conduta correta se possível, mas deve ser capaz de enveredar pelo caminho do mal quando necessário" (62).

Todavia, no capítulo 15 são introduzidos dois argumentos muito diferentes, ambos desenvolvidos mais adiante. Em primeiro lugar, Maquiavel é um pouco ardiloso na hora de dizer se aquelas qualidades tidas como boas, e que no entanto são ruinosas, realmente merecem o nome de virtudes. Como tendem a trazer a destruição, ele prefere dizer que "parecem virtuosas"; como seus opostos são mais aptos a fortalecer a posição do príncipe, ele prefere dizer que apenas parecem vícios (55).

Essa sugestão é explorada nos dois capítulos seguintes. O capítulo 16, chamado "Liberalidade e parcimônia", aborda um tema tratado por todos os moralistas clássicos, mas invertendo os termos. Ao abordar a virtude da generosidade em *De Officiis* (II.17.58), Cícero a define como o desejo de "evitar qualquer suspeita de mesquinhez", junto com a noção de que nenhum vício é mais ofensivo num dirigente político do que a parcimônia e a avareza. Maquiavel responde que, se é isso que chamamos de generosidade, trata-se não de uma virtude e sim de

NICHOLAS MACHIAVEL'S
PRINCE.

ALSO,

The life of *Castruccio Castracani* of *Lucca*.

AND

The meanes Duke *Valentine* us'd to put to death *Vitellozzo Vitelli*, *Oliverotto* of *Fermo*, *Paul* and the Duke of *Gravina*.

Translated out of *Italian* into *English*;
By *E. D.*

With some Animadversions noting and taxing his errours.

LONDON,
Printed by *R. Bishop*, for *Wil: Hils*, and are to be sold by *Daniel Pakeman* at the signe o. the Rainebow n a e the Inner Temple g te. 1 6 4 0

3. A página de rosto de *O príncipe* na tradução de Edward Dacres, a primeira edição publicada em inglês.

um vício. Ele sustenta que um governante que deseja evitar a fama de parcimônia descobrirá que "precisa gastar com prodigalidade e ostentação". Em decorrência disso, ele terá "de impor tributos muito pesados ao povo" para custear sua liberalidade, política que logo o fará "odiado por seus súditos". Inversamente, se ele vem a abandonar qualquer desejo de agir com tal munificência, no início realmente pode ser chamado de avaro, mas "ao final virá a ser considerado mais generoso", e na verdade estará praticando a verdadeira virtude da generosidade.

Um paradoxo semelhante aparece no capítulo seguinte, intitulado "Crueldade e piedade". Esse também era um tema caro aos moralistas romanos, e o texto mais famoso era *Da clemência* de Sêneca. Segundo ele, um príncipe que é clemente sempre mostrará "como é avesso a lançar mão" do castigo; recorrerá a ele somente "quando um grande e repetido malfeito esgotar sua paciência", e irá infligi-lo apenas "após grande relutância" e "muito protelamento", e também com a maior clemência possível (I.13.4, I.14.1, II.2.3). Diante dessa ortodoxia, Maquiavel insiste uma vez mais que ela representa uma total incompreensão da virtude em pauta. Se o príncipe começa tentando ser clemente, e "com excesso de indulgência permite que as desordens aumentem" e só recorre à punição iniciadas as "matanças e pilhagens", sua conduta será muito menos clemente do que a de um dirigente que tem a coragem de começar fazendo dos cabecilhas um exemplo. Maquiavel apresenta o caso de seus concidadãos florentinos, que não queriam parecer cruéis diante de uma revolta e agiram de tal maneira que resultou na destruição de uma cidade inteira – desfecho pavorosamente mais cruel do que qualquer crueldade que pudessem ter concebido. Ele compara o fato ao comportamento de César Bórgia, que "era considerado cruel", mas cujas medidas duras "restauraram a ordem na Romanha, unificando-a e tornando-a pacífica e leal" por meio de sua pretensa maldade (58).

Isso leva Maquiavel a uma questão intimamente relacionada, que apresenta adiante no mesmo capítulo, com o mesmo ar de paradoxo deliberado: "Se é melhor ser amado do que temido, ou vice-versa" (59). Aqui também a resposta clássica é a de Cícero, em *De Officiis*. "O medo é uma frágil proteção do poder duradouro", ao passo que no amor "pode-se confiar para mantê-lo para sempre" (II.7.23). Maquiavel registra sua total discordância, retorquindo: "É muito mais seguro ser temido do que amado". Isso porque muitas das qualidades que fazem um príncipe amado também tendem a fazê-lo desprezado. Se os súditos não têm "medo do castigo", aproveitarão todas as oportunidades de enganá-lo em proveito próprio. Mas, se ele se faz temido, os súditos hesitarão em ofendê-lo ou prejudicá-lo, e assim será muito mais fácil ao príncipe manter seu estado (59).

A outra linha de argumentação nestes capítulos reflete uma rejeição ainda mais desdenhosa da moral humanista convencional. Maquiavel sugere que, mesmo que as qualidades geralmente consideradas boas sejam de fato virtudes – tais que o governante que desdenhá-las inevitavelmente incorrerá em vício –, ele não deve se preocupar com tais vícios, se julgá-los úteis ou inócuos para a condução de seu governo.

A principal preocupação de Maquiavel nesse ponto é lembrar aos novos governantes o dever mais básico de todos. Um príncipe sábio "não deve se incomodar em ficar notório pelos vícios sem os quais é difícil preservar seu poder"; ele verá que essas críticas não passam de um preço inevitável com o qual terá de arcar enquanto cumpre sua obrigação fundamental, que é, evidentemente, manter seu estado (55). As implicações são apresentadas, em primeiro lugar, no que se refere ao suposto vício da parcimônia. Quando um príncipe sábio percebe que a avareza é "um daqueles vícios que lhe permitem governar", ele deixará de se preocupar em ser visto como mesquinho (57). O mesmo se aplica ao caso da crueldade. A disposição de agir ocasionalmente com rigor exemplar é fundamental para a manutenção da boa ordem nos assuntos civis e militares. Isso significa que um príncipe sábio "não deve se preocupar em incorrer na reputação de crueldade", e que é essencial não se incomodar em ser chamado de cruel, sendo comandante de um exército, pois sem tal reputação é impossível esperar manter as tropas "unidas e preparadas para a ação militar" (60).

Por fim, Maquiavel avalia se é importante que o governante, se deseja manter seu estado, evite os vícios menores e os pecados da carne. Os autores dos manuais de conselhos aos príncipes geralmente tratavam essa questão num veio rigorosamente moralista, reproduzindo a insistência de Cícero, no Livro I de *De Officiis*, de que o decoro é "essencial para a retidão moral", e assim todas as pessoas em posição de autoridade devem evitar qualquer lapso de conduta em suas vidas privadas (I.28.98). Em resposta, Maquiavel dá de ombros. Um príncipe sábio "procurará evitar esses vícios" se puder; mas, se descobrir que não pode, decerto não precisará se incomodar desnecessariamente com tais suscetibilidades morais triviais (55).

Capítulo 3
O teórico da liberdade

Ao concluir *O príncipe*, Maquiavel sentiu reviverem suas esperanças de voltar à atividade na carreira pública. Como escreveu a Vettori em dezembro de 1513, sua aspiração mais alta ainda era se fazer "útil a nossos senhores Medici, mesmo que comecem me fazendo rolar uma pedra". Perguntava-se se a maneira mais eficaz de realizar essa ambição não seria ir a Roma com "este pequeno tratado meu", para oferecê-lo pessoalmente a Giuliano de Medici, assim mostrando-lhe que "poderia ficar satisfeito em ter meus serviços" (C 305).

No começo, Vettori parecia disposto a apoiar essa ideia. Respondeu a Maquiavel dizendo que lhe enviasse o livro, para "ver se seria apropriado presenteá-lo" (C 312). Quando Maquiavel lhe enviou devidamente a cópia passada a limpo dos capítulos iniciais, Vettori declarou que "haviam lhe agradado extremamente", mas acrescentou, cauteloso: "Como não tenho o resto da obra, não quero apresentar um juízo definitivo" (C 319).

Logo ficou claro, porém, que as esperanças de Maquiavel seriam mais uma vez baldadas. Depois de ler a íntegra de *O príncipe* no começo de 1514, Vettori respondeu com um pressago silêncio. Não voltou a mencionar a obra em momento algum e passou a encher as cartas de frivolidades sobre seus últimos casos amorosos. Maquiavel se forçou a responder no mesmo tom, mas mal conseguia disfarçar a ansiedade cada vez maior. Finalmente, na metade do ano, ele percebeu que era inútil e escreveu a Vettori profundamente amargurado, dizendo que ia renunciar à luta. Ficou evidente, escreveu ele, "que vou ter de continuar nessa vida sórdida, sem encontrar um único homem que lembre o serviço que prestei ou que me julgue capaz de fazer algo de bom" (C 343).

Após essa decepção, a vida de Maquiavel passou por uma mudança definitiva. Abandonando qualquer esperança de uma carreira diplomática, começou a se considerar cada vez mais como homem de letras. O principal sinal dessa nova orientação foi que, após outro ano ou mais "apodrecendo na ociosidade" do campo, ele começou a participar com destaque nos encontros de um grupo de humanistas e letrados que se reuniam periodicamente nos jardins de Cosimo Rucellai, nas redondezas de Florença, para se dedicar a conversas e entretenimentos eruditos.

Essas discussões nos *Orti Oricellari* tinham, em parte, natureza literária. Havia debates sobre os méritos rivais do latim e do italiano como línguas literárias, havia leituras e mesmo encenações de peças teatrais. O efeito sobre Maquiavel foi canalizar suas energias criativas para uma direção totalmente nova: ele decidiu escrever uma peça. O resultado foi *A mandrágora*, comédia brilhante, embora brutal, sobre a sedução da bela e jovem esposa de um juiz idoso. A versão original provavelmente ficou pronta em 1518 e talvez tenha sido lida para os amigos de Maquiavel nos *Orti*, antes de ser apresentada em público, primeiro em Florença e nos dois anos seguintes em Roma.

É evidente, porém, que os debates mais intensos nos *Orti* eram sobre temas políticos. Como mais tarde relembrou um dos participantes, Antonio Brucioli, em seus *Diálogos*, eles discutiam continuamente o destino dos regimes republicanos: como se elevam à grandeza, como sustentam suas liberdades, como declinam e se corrompem, como finalmente chegam à inevitável derrocada. O interesse dos participantes pela liberdade cívica não se expressava apenas em palavras. Alguns deles se tornaram adversários tão convictos da "tirania" restaurada dos Medici que foram atraídos ao malogrado complô de 1522 para assassinar o cardeal Giulio de Medici. Um dos executados após a conspiração fracassada foi Jacopo da Diacceto; entre os condenados ao exílio estavam Zanobi Buondelmonti, Luigi Alamanni e o próprio Brucioli. Todos tinham sido membros importantes do círculo dos *Orti Oricellari*, cujas reuniões se interromperam bruscamente após o mau êxito do atentado.

Maquiavel nunca foi um partidário tão fervoroso da liberdade republicana a ponto de se sentir inclinado a participar de qualquer uma das várias conspirações contra os Medici. Mas está claro que foi profundamente influenciado por seus contatos com Cosimo Rucellai e amigos. Um dos frutos de sua participação nos debates foi o tratado *A arte da guerra*, que ele publicou em 1521. A obra é apresentada sob a forma de uma conversa ambientada nos *Orti Oricellari*, em que Rucellai introduz o tema, enquanto Buondelmonti e Alamanni aparecem como os principais interlocutores. Mas o fruto mais importante da associação de Maquiavel com esses simpatizantes republicanos foi sua decisão de escrever os *Discursos*, sua contribuição mais extensa e, em alguns aspectos, mais original para a teoria do governo. Maquiavel não só dedicou a obra a Buondelmonti e Rucellai, como também lhes credita na dedicatória o fato de terem "me forçado a escrever o que eu, por mim mesmo, nunca teria escrito" (188).

Os meios para a grandeza

Os *Discursos* de Maquiavel nominalmente assumem a forma de um comentário sobre os dez primeiros livros da história de Roma de Lívio, em que o autor traça a ascensão da cidade à grandeza depois de derrotar os rivais locais, expulsar seus reis e instaurar o "estado livre". Mas

Maquiavel se estende além do texto de Lívio muito mais do que sugere o título, e trata o tema escolhido de maneira discursiva, assistemática e por vezes até fragmentária. Vez por outra, ele usa a narrativa de Lívio como gancho para engatar numa ampla discussão de algum tema importante na teoria do governo, mas outras vezes discorre simplesmente sobre uma figura individual ou conta um episódio e dali extrai alguma moral. Isso não significa de maneira alguma que seu labirinto não tenha algum fio condutor. Os *Discursos* se dividem em três livros, sendo que o primeiro trata basicamente da constituição de um estado livre, o segundo, da manutenção de um poder militar efetivo, e o terceiro, de questões ligadas à liderança. Vou seguir essas linhas, mas cumpre lembrar que, ao proceder assim, cria-se a impressão de um texto mais ordenado do que o que Maquiavel conseguiu criar ou, talvez, deliberadamente quis criar.

Quando Maquiavel começa a examinar a história inicial de Roma, uma pergunta o preocupa acima de todas as outras. Ele começa por mencioná-la no parágrafo de abertura do primeiro discurso, e ela percorre grande parte do restante da obra. Conforme ele diz, seu objetivo é descobrir o que "tornou possível a posição dominante a que se elevou aquela república" (192). O que permitiu a Roma alcançar sua grandeza e seu poderio sem igual?

Existem elos evidentes entre esse tema e o assunto de *O príncipe*. É verdade que Maquiavel, em *O príncipe*, começa excluindo as repúblicas de consideração, ao passo que, nos *Discursos*, elas constituem a principal matéria de prova. Mas seria um engano inferir daí que os *Discursos* se dedicam exclusivamente às repúblicas, em oposição aos principados. Como frisa Maquiavel no capítulo 2, seu interesse não se refere às repúblicas enquanto tais, e sim ao governo das cidades, quer sejam governadas "como repúblicas ou como principados" (195). Além disso, há paralelos muito próximos entre o desejo de Maquiavel em aconselhar os governantes sobre como alcançar a glória fazendo "grandes coisas", em *O príncipe*, e sua aspiração nos *Discursos* a explicar por que certas cidades "chegam à grandeza", e por que a cidade de Roma em particular conseguiu alcançar "suprema grandeza" e produzir tão "grandes resultados" (207-11, 341).

Quais foram, então, "os métodos necessários para atingir a grandeza" no caso de Roma (358)? Para Maquiavel, a pergunta é prática, pois ele adota o postulado humanista convencional de que qualquer pessoa que "observe os assuntos atuais e os antigos imediatamente entende que todas as cidades e todos os povos têm os mesmos desejos e os mesmos traços". Isso significa que "aquele que examina cuidadosamente os fatos do passado facilmente prevê os futuros" ou pelo menos "divisa os novos devido à semelhança dos fatos" (278). Assim, a animadora esperança que sustenta e anima os *Discursos* é que, se descobrirmos a causa do sucesso de Roma, seremos capazes de reproduzi-lo.

Um estudo da história clássica mostra, segundo o começo do segundo discurso, que a chave para entender as realizações de Roma pode ser resumida numa só frase. "A experiência mostra que as cidades nunca aumentaram seu domínio ou suas riquezas exceto quando estavam em liberdade." O mundo antigo ofereceria duas ilustrações especialmente marcantes dessa verdade geral. Primeiro, "é uma coisa maravilhosa considerar a grandeza a que chegou Atenas no espaço de cem anos, depois de se libertar da tirania de Pisístrato". Mas, acima de tudo, é "maravilhosíssimo observar a grandeza a que chegou Roma, depois de se libertar de seus reis" (329). Por outro lado, "ocorre o contrário de todas essas coisas naqueles países que vivem como escravos" (333). Pois, "tão logo uma tirania se estabelece sobre uma comunidade livre", o primeiro mal resultante é que tais cidades "não avançam mais e não crescem mais em poder ou em riquezas; mas na maioria dos casos, e de fato sempre, elas retrocedem" (329).

O que Maquiavel tem em mente ao acentuar tanto a liberdade é, basicamente, que uma cidade que aspira à grandeza deve se manter livre de todas as formas de servidão política, seja imposta "internamente" pelo governo de um tirano ou "externamente" por uma potência imperial (195, 235). Isso, por sua vez, significa que dizer que uma cidade possui sua liberdade é equivalente a dizer que ela se mantém independente de qualquer autoridade, exceto a da própria comunidade. Assim, falar em "estado livre" é falar num estado que governa a si mesmo. Maquiavel deixa isso claro no segundo capítulo de seu primeiro discurso, onde anuncia que vai "omitir o exame daquelas cidades" que começaram "submetidas a alguém" e se concentrará nas que começaram em liberdade – isto é, aquelas que "imediatamente se governaram segundo seu próprio juízo" (195). Ele reforça esse compromisso mais adiante, no mesmo capítulo, quando primeiro elogia as leis de Sólon por instaurarem "uma forma de governo baseada no povo" e a seguir equipara esse ordenamento ao viver "em liberdade" (199).

A primeira conclusão geral dos *Discursos*, portanto, é que as cidades "crescem enormemente em curtíssimo tempo" e adquirem grandeza apenas se "o povo está no controle delas" (319). Isso não leva Maquiavel a se desinteressar dos principados, pois às vezes (mas não sistematicamente) dispõe-se a acreditar que a manutenção do controle popular pode ser compatível com uma forma monárquica de governo (p.ex. 427). Mas certamente leva-o a manifestar uma clara preferência pelos regimes republicanos em relação aos principados. Ele expõe suas razões mais vigorosamente no começo do segundo discurso. O que "faz as cidades grandes" não é "o bem individual, mas o bem comum", e "sem dúvida esse bem comum é considerado importante somente nas repúblicas". Sob o domínio de um príncipe "ocorre o contrário", pois "o que o beneficia geralmente prejudica a cidade, e o que beneficia a cidade prejudica a ele". Isso explica por que as cidades sob governo monárquico raramente "avançam", ao passo que "todas as cidades e províncias que vivem em liberdade em qualquer parte do mundo" sempre "obtêm enormes ganhos" (329, 332).

Se a liberdade é a chave para a grandeza, como se adquire e se preserva a liberdade? Maquiavel inicia admitindo que há sempre um elemento de boa Fortuna aí envolvido. É essencial que uma cidade tenha "um começo livre, sem depender de ninguém", se quiser ter alguma perspectiva de alcançar a glória cívica (193, 195). As cidades que sofrem o infortúnio de começar a vida numa condição servil geralmente acham "não só difícil, mas impossível [...] encontrar leis que as mantenham livres" e lhes tragam fama (296).

No entanto, tal como em *O príncipe*, Maquiavel considera um erro fundamental supor que a obtenção da grandeza dependa exclusivamente dos caprichos da Fortuna. Levantando a questão no início de seu terceiro discurso, ele admite que, segundo alguns escritores "de enorme peso" – entre eles Plutarco e Lívio –, a ascensão do povo romano à glória se deveu quase inteiramente à Fortuna. Mas replica que não se dispõe "de maneira alguma a aceitar isso" (324). Adiante, Maquiavel reconhece que os romanos gozaram de muitas bênçãos da Fortuna e se beneficiaram de várias aflições que a deusa lhes enviou "para fortalecer Roma e conduzi-la à grandeza que alcançou" (408). Mas ele insiste – aqui também ecoando *O príncipe* – que a realização de grandes coisas nunca resulta apenas da boa Fortuna; é sempre fruto da

Fortuna somada à indispensável qualidade da *virtù,* a qualidade que nos permite suportar nossos infortúnios com serenidade e que, ao mesmo tempo, atrai as atenções favoráveis da deusa. Assim, conclui ele, se queremos entender o que "tornou possível a posição dominante" a que ascendeu a república romana, devemos reconhecer que a resposta reside no fato de que Roma possuía "enorme *virtù*" e conseguiu garantir que essa qualidade essencial fosse "mantida naquela cidade por muitos séculos" (192). Foi por terem "mesclado à sua Fortuna a máxima *virtù*" que os romanos mantiveram sua liberdade original e por fim vieram a dominar o mundo (326).

Quando passa a analisar o conceito central de *virtù,* Maquiavel segue exatamente as linhas já estabelecidas em *O príncipe*. É verdade que ele aplica o termo de uma forma que sugere um acréscimo importante à sua apresentação anterior. Em *O príncipe*, ele havia associado a *virtù* apenas aos mais insignes dirigentes políticos e comandantes militares; nos *Discursos*, ele insiste explicitamente que o corpo dos cidadãos como um todo deve possuir tal qualidade (498). Porém, quando passa a definir o que entende por *virtù,* em larga medida Maquiavel reitera seus argumentos anteriores, tomando imperturbavelmente como dados de fato as surpreendentes conclusões a que já tinha chegado.

A posse de *virtù,* em consonância com isso, é representada como a disposição de fazer o que for preciso para alcançar a glória e a grandeza cívica, quer as ações envolvidas sejam intrinsecamente boas ou más. Essa disposição é tratada em primeiro lugar como o atributo mais importante da liderança política. Como em *O príncipe*, o argumento é apresentado por meio de uma alusão e de uma sarcástica rejeição dos valores do humanismo ciceroniano. Cícero tinha afirmado em *De Officiis* que, quando Rômulo decidiu que "era mais prático para ele reinar sozinho" e por conseguinte matou o irmão, ele cometeu um crime que não pode ser tolerado, visto que sua defesa para tal gesto não foi "razoável nem adequada de forma alguma" (III.10.41). Maquiavel insiste, pelo contrário, que nenhum "intelecto prudente" jamais irá "censurar alguém por qualquer ação ilegal empregada para organizar um reino ou instaurar uma república". Citando o caso do fratricídio de Rômulo, ele sustenta que, "embora o ato o acuse, o resultado deve escusá-lo; e quando é bom, como o de Rômulo, sempre irá escusá-lo, porque quem deve ser censurado é aquele que é violento para destruir, e não o violento para restaurar" (218).

A mesma disposição de colocar o bem da comunidade acima de todos os interesses privados e considerações banais de ordem moral é apresentada como igualmente essencial no caso dos cidadãos comuns. Aqui também Maquiavel apresenta seu argumento parodiando os valores do humanismo clássico. Cícero havia afirmado em *De Officiis* que "há alguns atos tão repulsivos ou tão cruéis que um homem sábio não os praticaria nem mesmo para salvar seu país" (I.45.159). Maquiavel retruca que, "quando é absolutamente uma questão de segurança do próprio país", torna-se dever de todo cidadão reconhecer que "não se deve ter em consideração o justo ou o injusto, o piedoso ou o cruel, o louvável ou o vergonhoso; pelo contrário, pondo de lado qualquer escrúpulo, deve-se seguir ao máximo qualquer plano que salve a vida e mantenha a liberdade" de sua terra (519).

Este, então, é o sinal de *virtù* em governantes e cidadãos por igual: cada qual deve estar pronto "para promover não os próprios interesses, mas o bem geral, não a própria posteridade, mas a pátria comum" (218). É por isso que Maquiavel fala da república romana como um repositório de "enorme *virtù*": o patriotismo era tido como "mais poderoso do que qualquer outra consideração", fato pelo qual a plebe se tornou "por quatrocentos anos inimiga do nome de rei e amante da glória e do bem comum de sua cidade natal" (315, 450).

O argumento de que a chave para preservar a liberdade consiste em manter a qualidade da *virtù* no corpo de cidadãos como um todo evidentemente levanta uma outra questão, a mais básica de todas: como esperar instilar essa qualidade em extensão suficiente e mantê-la por tempo suficiente para garantir que se alcance a glória cívica? Aqui Maquiavel admite novamente que há sempre um elemento de boa Fortuna envolvido. Nenhuma cidade pode pretender alcançar a grandeza a menos que lhe aconteça ser colocada no caminho certo por um grande pai fundador, ao qual pode-se dizer que ela, "como filha", deve seu nascimento (223). Uma cidade à qual não ocorreu ter "um fundador prudente" sempre tenderá a se encontrar "numa posição um tanto infeliz" (196). Inversamente, uma cidade que pode volver os olhos para "a *virtù* e os métodos" de um grande fundador – como Roma para Rômulo – "se deparou com a mais excelente Fortuna" (244).

A razão pela qual uma cidade precisa dessa "primeira Fortuna" é que o ato de instaurar uma república ou um principado nunca pode ser empreendido "pela *virtù* das massas", porque a diversidade de suas opiniões sempre impedirá que sejam "aptas para organizar um governo" (218, 240). Segue-se daí que, "para instaurar uma república, é necessário estar sozinho" (220). Além disso, quando uma cidade "declinou por corrupção", da mesma forma será preciso "a *virtù* de um só homem em vida", e não "a *virtù* das massas", para restaurar sua grandeza (240). Assim, Maquiavel conclui que "isso devemos tomar como regra geral: raramente ou nunca uma república ou um reino é bem organizado desde o começo, ou totalmente renovado" em data posterior, "exceto quando organizado por um único homem" (218).

Mas a seguir ele declara que, se alguma cidade for imprudente a ponto de confiar nessa boa Fortuna inicial, não só ela se defraudará da grandeza, mas em pouco tempo irá à ruína. Pois, se "apenas um é apto para organizar" um governo, nenhum governo pode pretender durar "se repousar nos ombros de apenas um" (218). A debilidade inevitável de qualquer cidade que deposite sua confiança na "*virtù* de um homem só" é que "a *virtù* parte com a vida do homem e raramente é recuperada por hereditariedade" (226). Assim, o que é necessário para a salvação de um reino ou de uma república não é tanto "ter um príncipe que governe com prudência enquanto vive", e sim "ter alguém que organize de tal maneira" o reino ou a república que suas fortunas subsequentes venham a se basear na "*virtù* das massas" (226, 240). O segredo mais profundo da arte de governar é saber como fazê-lo.

O problema, ressalta Maquiavel, é de extrema dificuldade. Pois, se podemos esperar encontrar um altíssimo grau de *virtù* entre os pais fundadores das cidades, não podemos esperar encontrar a mesma qualidade ocorrendo naturalmente entre os cidadãos comuns. Pelo contrário, os homens em sua maioria "são mais propensos ao mal do que ao bem" e, por conseguinte, tendem a ignorar os interesses de sua comunidade a fim de agir "de acordo com suas disposições malévolas sempre que têm campo livre" (201, 215). Logo, todas as cidades têm a tendência de decair da *virtù* primordial de seus fundadores e "descer para uma pior condição" – processo que Maquiavel resume dizendo que mesmo as mais excelentes comunidades estão sujeitas a se corromper (322).

A imagem por detrás dessa análise é aristotélica: a ideia da pólis como um corpo natural que, como todas as criaturas sublunares, está sujeito a ser "deteriorado pelo tempo" (45). Maquiavel frisa especialmente a metáfora do corpo político no começo de seu terceiro discurso.

Parece-lhe "mais claro do que a luz que, se esses corpos não forem renovados, não durarão", pois com o tempo sua *virtù* certamente se corromperá e essa corrupção certamente irá matá-los, se não se sanar a deterioração (419).

Assim, o começo da corrupção é equiparado à perda ou à dissipação da *virtù,* um processo de degeneração que se desenvolve, segundo Maquiavel, de duas maneiras. Um corpo de cidadãos pode perder sua *virtù* – e, portanto, sua preocupação com o bem comum – ao perder todo o interesse pela política, tornando-se "preguiçoso e inapto para qualquer atividade virtuosa" (194). Mas o perigo mais insidioso surge quando os cidadãos continuam ativos nos assuntos de estado, mas começam a promover suas ambições individuais ou interesses de facção em detrimento do interesse público. Assim, Maquiavel define uma proposta política corrupta como aquela "apresentada por homens mais interessados no que podem extrair do público do que em seu bem" (386). Ele define uma constituição corrupta como aquela em que "apenas os poderosos" podem propor medidas, e o fazem "não para a liberdade comum, e sim para seu próprio poder" (242). E ele define uma cidade corrupta como aquela em que as magistraturas não são mais ocupadas por "aqueles com a maior *virtù*", e sim por aqueles com mais poder e, portanto, com as melhores probabilidades de servir a seus próprios fins egoístas (241).

Essa análise leva Maquiavel a um dilema. De um lado, ele enfatiza constantemente que "a natureza dos homens é ambiciosa e desconfiada" a um tal grau que, em sua maioria, "nunca fazem nenhum bem a não ser por necessidade" (201, 257). Mas, de outro lado, ele insiste que, se for permitido aos homens "escalar ambição após ambição", isso rapidamente levará a cidade a "se despedaçar" e ela perderá qualquer chance de se tornar grande (290). Isso porque, embora a preservação da liberdade seja uma condição necessária da grandeza, o aumento da

4. Retrato de Maquiavel por Santi di Tito
no Pallazo Vecchio, Florença.

corrupção é invariavelmente fatal para a liberdade. Tão logo os indivíduos egoístas ou os interesses sectários começam a ganhar apoio, o desejo do povo de legislar "em favor da liberdade" se corrói de maneira correspondente, as facções começam a prevalecer e "rapidamente surge a tirania" em lugar da liberdade (282). Segue-se daí que, sempre que a corrupção penetra inteiramente num corpo de cidadãos, eles "não podem viver livres nem mesmo por curto tempo, na verdade por tempo nenhum" (235; cf. p. 240).

O dilema de Maquiavel, de acordo com isso, é o seguinte: como pode o corpo dos cidadãos – nos quais a qualidade da *virtù* não se encontra naturalmente – ter essa qualidade implantada em si com êxito? Como podem ser impedidos de decair para a corrupção, como podem ser forçados a manter o interesse pelo bem comum por um período longo o suficiente para que se alcance a grandeza cívica? É à solução desse problema que é dedicado o restante dos *Discursos*.

As leis e a liderança

Maquiavel acredita que esse dilema descoberto por ele pode ser contornado em certa medida, sem precisar ser diretamente superado. Pois ele admite que, embora seja difícil esperar que o conjunto dos cidadãos demonstre uma grande *virtù* natural, não é demais esperar que, de tempos em tempos, uma cidade possa ter a boa Fortuna de encontrar um líder cujas ações, como as de um grande pai fundador, exibam um alto grau de *virtù* espontânea (420).

Tais cidadãos verdadeiramente nobres, diz Maquiavel, desempenham um papel indispensável para manter suas cidades no caminho da glória. Ele afirma que, se tais exemplos individuais de *virtù* "tivessem aparecido pelo menos a cada dez anos" na história de Roma, "deles resultaria necessariamente" que a cidade "nunca se tornaria corrupta" (421). Maquiavel chega a declarar que, "se uma comunidade fosse bastante afortunada" de encontrar um líder dessa têmpera a cada geração, que "renovasse suas leis e não apenas a impedisse de correr para a ruína, mas a puxasse para trás", o resultado seria o milagre de uma república "eterna", um corpo político em condições de escapar da morte (481).

Como tais infusões de *virtù* pessoal contribuem para que uma cidade atinja seus fins mais elevados? A tentativa de responder a essa pergunta ocupa Maquiavel ao longo de todo o terceiro discurso, cujo objetivo é ilustrar "como as ações de indivíduos aumentaram a grandeza romana, e como causaram muitos bons efeitos naquela cidade" (423).

É evidente que, ao examinar esse tema, Maquiavel ainda está muito próximo do espírito de *O príncipe*. Assim, não admira vê-lo inserir na seção final dos *Discursos* uma quantidade considerável de referências a seu livro anterior – cerca de doze alusões em menos de cem páginas. Ademais, como em *O príncipe*, ele declara que um estadista ou um general de insuperável *virtù* tem duas maneiras de realizar grandes coisas. A primeira é pelo impacto que exerce em outros cidadãos abaixo dele. Maquiavel começa sugerindo que às vezes isso pode gerar um efeito inspirador direto, visto que "esses homens têm tal reputação e seu exemplo é tão poderoso que os homens bons desejam imitá-los, e os maus ficam envergonhados de levar uma vida oposta à deles" (421). Mas seu argumento básico é que a *virtù* de um líder insigne sempre assumirá, em parte, a forma de uma capacidade de imprimir a mesma qualidade vital em seus seguidores, mesmo que estes não sejam naturalmente dotados dela. Ao expor como opera essa forma de influência, a principal sugestão de Maquiavel – como em *O príncipe* e, mais tarde, no Livro IV de *A arte da guerra* – é que o meio mais eficiente de forçar as pessoas a se conduzirem de maneira virtuosa é criar-lhes o medo de se comportar de outra forma. Ele louva Aníbal por reconhecer a necessidade de incutir pavor em suas tropas "com seu feitio pessoal", a fim de mantê-las "unidas e quietas" (479). E ele reserva sua mais alta admiração para Mânlio Torquato, cujo "espírito forte" e cuja proverbial severidade o fizeram "ordenar coisas fortes" e lhe permitiram reconduzir seus concidadãos à condição de *virtù* primordial que tinham começado a abandonar (480-1).

A outra maneira pela qual indivíduos de destaque contribuem para a glória cívica é mais imediata. Maquiavel crê que a alta *virtù* deles serve, por si só, para afastar a corrupção e a ruína. Assim, uma de suas principais preocupações no terceiro discurso é indicar quais aspectos específicos da liderança virtuosa tendem a gerar esse resultado benéfico em mais curto prazo. Ele começa a expor sua resposta no capítulo 23, no qual examina a carreira de Camilo, "o mais prudente de todos os generais romanos" (462). As qualidades que o fizeram parecer especialmente notável e lhe permitiram realizar tantas "coisas esplêndidas" foram "seu cuidado, sua prudência, sua grande coragem" e principalmente "seu excelente método de administrar e comandar exércitos" (484, 498). Adiante, Maquiavel dedicará uma sequência de capítulos a um tratamento mais completo do mesmo tema. Primeiramente, ele defende que os grandes líderes cívicos precisam saber como desarmar os invejosos, "pois a inveja muitas vezes impede os homens" de obter "a autoridade necessária em coisas de importância" (495-6). Também precisam ter uma grande coragem pessoal, sobretudo se são chamados a ocupar uma função militar, caso em que devem estar preparados – como diz Lívio – "para mostrar atividade em pleno centro da batalha" (515). Além disso, devem possuir uma grande prudência política, fundada na avaliação da história antiga, bem como dos assuntos modernos (521-2). E finalmente devem ser homens da maior circunspecção e cautela, que jamais se deixam enganar pelas estratégias dos inimigos (526).

Ao longo dessa exposição, fica claro que os destinos da cidade natal de Maquiavel nunca se afastam de seus pensamentos. Sempre que cita um aspecto indispensável da liderança virtuosa, ele se detém e assinala que o declínio da república florentina e sua derrocada vergonhosa em 1512 se deveram em larga medida à falta de atenção suficiente a essa qualidade fundamental. Um líder de *virtù* precisa saber como lidar com os invejosos: mas nem Savonarola nem Soderini foram "capazes de vencer a inveja" e, em decorrência disso, "ambos caíram" (497). Um líder de *virtù* deve estar preparado para estudar as lições da história: mas os florentinos, que poderiam facilmente ter "lido ou aprendido os antigos hábitos dos bárbaros", não fizeram nenhum esforço nesse sentido e foram facilmente enganados e espoliados (522). Um líder de *virtù* teria de ser um homem prudente e circunspecto, mas os governantes de Florença se demonstraram tão ingênuos diante da traição que – como na guerra contra Pisa – conduziram a república à desgraça completa (527). Com essa cáustica acusação contra o regime ao qual servira, Maquiavel encerra seu terceiro discurso.

Se voltamos ao dilema que Maquiavel colocou no início, fica evidente que a argumentação do terceiro discurso não chega a solucioná-lo. Ele explicou como é possível forçar os cidadãos comuns à *virtù* com o exemplo de um grande líder, mas também admitiu que o surgimento de grandes líderes é sempre uma questão de pura boa Fortuna e, portanto, é um meio inconfiável para capacitar uma cidade a ascender à glória e à fama. Assim, a pergunta fundamental ainda permanece: como pode o conjunto dos homens – que sempre tendem a se deixar corromper pela ambição ou pela preguiça – ter a qualidade da *virtù* implantada e mantida em si por tempo suficiente para garantir que se alcance a glória cívica?

É nesse exato ponto que Maquiavel começa a transpor decisivamente os limites de sua visão política exposta em *O príncipe*. A chave para resolver o problema, sustenta ele, é garantir que os cidadãos estejam "bem-ordenados" – que estejam organizados de maneira a compeli-los a adquirir *virtù* e defender suas liberdades. Tal solução é apresentada logo de saída no capítulo inicial do primeiro discurso. Se quisermos entender como "tanta *virtù* foi mantida" em Roma "por tantos séculos", o que precisamos examinar é "como ela estava organizada" (192). O capítulo seguinte reitera o mesmo ponto. Para ver como a cidade de Roma conseguiu alcançar "o caminho reto" que a levou "a um fim perfeito e verdadeiro", precisamos acima de tudo estudar suas *ordini* – suas instituições, seus dispositivos constitucionais, seus métodos de ordenar e organizar seus cidadãos (196).

A pergunta mais evidente a que isso nos leva, de acordo com Maquiavel, é a seguinte: quais instituições uma cidade precisa desenvolver para evitar o crescimento da corrupção em seus assuntos "internos" – pelo que ele entende seus ordenamentos políticos e constitucionais (195, 295)? Em consonância com isso, ele dedica a maior parte do primeiro discurso ao exame desse tema, tomando seus principais exemplos dos primórdios da história romana e frisando constantemente "quão apropriadas eram as instituições daquela cidade para fazê-la grande" (271).

Ele assinala dois métodos essenciais de organizar os assuntos internos de maneira a instilar a qualidade da *virtù* no conjunto dos cidadãos. Começa argumentando

– do capítulo 11 ao 15 – que, entre as instituições mais importantes de qualquer cidade, estão as que sustentam o culto religioso e garantem que este seja "bem utilizado" (234). Maquiavel chega a declarar que "a observância da doutrina religiosa" é de importância tão suprema que, por si só, consegue gerar "a grandeza das repúblicas" (225). Inversamente, ele julga que "não se pode ter melhor indicação" da corrupção e da ruína de um país do que "ver a religião pouco valorizada" (226).

Os romanos entendiam perfeitamente como utilizar a religião para promover o bem-estar de sua república. Em especial o rei Numa, sucessor imediato de Rômulo, reconheceu que a implantação de um culto cívico era "absolutamente necessária se quisesse manter uma comunidade civilizada" (224). Porém, os governantes da Itália moderna falharam desastrosamente em captar a importância desse aspecto. Embora a cidade de Roma ainda seja o centro nominal da Cristandade, a irônica verdade é que, "pelo mau exemplo" da Igreja romana, "esta terra perdeu qualquer piedade e qualquer religião" (228). O resultado dessa desgraça foi que os italianos, por serem o povo menos religioso da Europa, se tornaram os mais corruptos. Como consequência direta, perderam suas liberdades, esqueceram como se defender e deixaram que o país se tornasse "presa não apenas de bárbaros poderosos, mas de qualquer um que o ataque" (229).

O segredo que os antigos romanos conheciam – e que o mundo moderno esqueceu – é que as instituições religiosas podem ser empregadas num papel semelhante ao dos indivíduos de destaque, para promover a grandeza cívica. Ou seja, a religião pode ser usada para inspirar – e, se necessário, aterrorizar – o povo comum de maneira a induzi-lo a preferir o bem de sua comunidade a todos os outros bens. A principal explanação de Maquiavel sobre a forma como os romanos encorajavam esse patriotismo aparece no trecho em que ele discute os auspícios. Antes de ir para a batalha, os generais romanos sempre tinham o cuidado de anunciar que os augúrios eram favoráveis. Isso motivava os soldados a lutar com a convicção confiante de que sairiam vitoriosos, confiança esta que, por sua vez, levava-os a agir com tanta *virtù* que quase sempre venciam (233). Tipicamente, porém, Maquiavel se mostra mais impressionado com a forma como os romanos utilizavam a religião para despertar terror no corpo do povo, com isso incitando os cidadãos a se conduzirem com um grau de *virtù* que nunca alcançariam de outra maneira. Ele apresenta o exemplo mais expressivo no capítulo 11: "Depois que Aníbal derrotou os romanos em Cânae, reuniram-se muitos cidadãos que, desistindo de sua terra natal, concordaram em abandonar a Itália". Quando Cipião soube disso, foi ao encontro deles "com sua espada nua na mão" e os obrigou a prestar um juramento solene em que se comprometiam a não ceder. O efeito foi induzi-los à *virtù*: o "amor pelo país e por suas leis" não fora suficiente para persuadi-los a ficar na Itália, mas foi possível mantê-los ali pelo medo de quebrarem a palavra e cometerem blasfêmia (224).

A ideia de que uma comunidade temente a Deus naturalmente colheria o prêmio da glória cívica era familiar aos contemporâneos de Maquiavel. Como ele mesmo observa, tal tinha sido a promessa por trás da campanha de Savonarola em Florença na década de 1490, quando persuadiu os florentinos de "que falava com Deus" e que a mensagem de Deus à cidade era que Ele a devolveria à sua antiga grandeza, tão logo ela retornasse à sua piedade original (226). No entanto, as concepções pessoais de Maquiavel sobre o valor da religião o levam a se afastar desse tratamento ortodoxo do tema em dois aspectos fundamentais. Em primeiro lugar, ele se diferencia dos savonarolianos nas razões para querer defender a base religiosa da vida política. Maquiavel não está minimamente interessado na questão da verdade religiosa. Está interessado única e exclusivamente no papel desempenhado pelo sentimento religioso "em inspirar o povo, em manter os homens bons, em envergonhar os maus", e ele avalia o valor das diversas religiões unicamente por sua capacidade de gerar esses efeitos proveitosos (224). Assim, não só conclui que os líderes de qualquer comunidade têm o dever de "aceitar e engrandecer" qualquer coisa que "surja em favor da religião", como também insiste que sempre devem fazê-lo, "mesmo que a julguem falsa" (227).

A outra divergência de Maquiavel em relação à ortodoxia está ligada a essa abordagem pragmática. Ele declara que, a julgar por esses critérios, a religião antiga dos romanos é preferível ao credo cristão. Não haveria razão para não interpretar o cristianismo "de acordo com a *virtù*" e empregá-lo para "a melhoria e a defesa" das comunidades cristãs. Mas, na verdade, ele vinha sendo interpretado de uma maneira que corroía as qualidades necessárias para uma vida cívica livre e vigorosa. O cristianismo "glorificava os humildes e contemplativos", "estabelecia como supremo bem a humildade, a miséria e o desprezo pelas coisas humanas", não atribuía nenhum valor "à grandeza do espírito, à força do corpo" nem a qualquer outro atributo da cidadania virtuosa. Ao impor essa imagem supraterrena da excelência humana, o cristianismo não se limitou a não promover a glória cívica; na verdade, contribuiu para trazer o declínio e a queda das grandes nações corrompendo sua vida comunal. Maquiavel conclui – com uma ironia digna de Gibbon – que o preço que pagamos para que o cristianismo "nos mostrasse a verdade e o caminho da verdade" foi que "ele enfraqueceu o mundo e o entregou como presa aos homens maus" (331).

O resto do primeiro discurso é dedicado em larga medida a sustentar que existe um segundo meio, ainda mais eficaz, de induzir o povo a adquirir *virtù*: usar o poder coercitivo da lei para forçar os cidadãos a colocar o bem da comunidade acima de todos os interesses egoístas. Esse ponto é inicialmente apresentado em termos amplos, nos capítulos iniciais do livro. Segundo Maquiavel, todos os melhores exemplos de *virtù* cívica "têm origem na boa educação", a qual por sua vez tem origem "em boas leis" (203). Se perguntarmos como algumas cidades conseguem conservar sua *virtù* por períodos excepcionalmente longos, a resposta básica em todos os casos será que "as leis as fazem boas" (201). A posição central desse aspecto no argumento geral de Maquiavel fica explícita mais adiante, no começo do terceiro discurso: uma cidade só poderá "assumir vida nova" e avançar no caminho da glória "ou pela *virtù* de um homem ou pela *virtù* de uma lei" (419-20).

Dada essa concepção, podemos constatar por que Maquiavel atribui tanta importância aos pais fundadores das cidades. Estão numa posição única para agir como legisladores e, assim, desde o início podem prover suas comunidades com os melhores meios de assegurar que se promova a *virtù* e se vença a corrupção. Ele apresenta como exemplo mais marcante o caso de Licurgo, o fundador original de Esparta. Licurgo concebeu um código de leis tão perfeito que a cidade pôde "viver em segurança sob elas" por "mais de oitocentos anos sem degradá-las" e sem perder em momento algum sua liberdade (196, 199). Quase igualmente notáveis foram as realizações de Rômulo e Numa, os primeiros reis de Roma. Graças às várias boas leis que decretaram, a cidade teve a qualidade da *virtù* "imposta sobre si" com tanta solidez que mesmo "a grandeza de seu império não conseguiu corrompê-la por muitos séculos", e Roma se manteve "cheia de uma *virtù* tão grande quanto a que jamais veio distinguir qualquer cidade ou república" (195, 200).

Isso nos leva, segundo Maquiavel, a uma das lições mais instrutivas que podemos pretender extrair do estudo da história. Ele mostra que os maiores legisladores são os que entenderam com maior clareza como utilizar a lei para promover a causa da grandeza cívica. Segue-se daí que, se examinarmos seus códigos constitucionais em detalhe, poderemos descobrir o segredo de seu sucesso, assim tornando a sabedoria dos antigos diretamente acessível aos governantes do mundo moderno.

Depois de empreender essa investigação, Maquiavel conclui que a percepção crucial comum a todos os legisladores mais sábios da antiguidade pode ser expressa de maneira muito simples. Todos eles perceberam que as três formas constitucionais "puras" – a monarquia, a aristocracia e a democracia – são intrinsecamente instáveis e tendem a gerar um ciclo de corrupção e decadência; inferiram corretamente que a chave para impor a *virtù* pela força da lei deve consistir, portanto, em estabelecer uma constituição mista, que corrige as instabilidades das formas puras e soma suas respectivas forças. Roma, como sempre, oferece o exemplo mais claro: foi porque conseguiu desenvolver um "governo misto" que ela finalmente chegou a se tornar "uma república perfeita" (200).

Evidentemente, era um lugar-comum da teoria política romana defender os méritos especiais das constituições mistas. O tema é central na *História* de Políbio, repete-se em vários tratados de Cícero e mais tarde é visto de forma favorável pela maioria dos principais humanistas da Florença quatrocentista. No entanto, ao examinar as razões de Maquiavel para crer que uma constituição mista é a mais adequada para promover a *virtù* e proteger a liberdade, encontramos uma diferença marcante em relação ao ponto de vista humanista convencional.

Sua argumentação parte do axioma segundo o qual "em toda república existem duas facções opostas, a do povo e a dos ricos" (203). Parece-lhe óbvio que, se a constituição é de modo a permitir controle completo de um ou outro grupo, a república será "facilmente corrompida" (196). Se alguém do partido dos ricos assume como príncipe, haverá o perigo imediato de tirania; se os ricos implantam uma forma aristocrática de governo, tenderão a governar em favor de seus interesses; se há uma democracia, o mesmo se aplicará à plebe. Em todos os casos, o bem geral ficará subordinado a interesses de facção, e o resultado será que em breve tempo perde-se a *virtù* e, em decorrência disso, a liberdade da república (197-8, 203-4).

A solução, sustenta Maquiavel, é montar as leis da constituição de maneira a criar um tenso e delicado equilíbrio entre essas forças sociais opostas, em que todas as partes continuem envolvidas na questão do governo, e cada uma "mantenha vigilância sobre a outra" para evitar tanto a "arrogância dos ricos" quanto a "licenciosidade do povo" (199). Enquanto os grupos rivais se observam ciosamente para detectar qualquer sinal de avanço para tomar o poder supremo, a solução das pressões assim geradas significará que apenas aquelas "leis e instituições" que "conduzem à liberdade pública" serão efetivamente aprovadas. Assim, embora inteiramente motivadas por seus interesses egoístas, as facções serão levadas, como que por uma mão invisível, a promover o interesse público em todos os seus atos legislativos: "da discórdia entre elas" resultarão "todas as leis feitas em favor da liberdade" (203).

Esse elogio da dissensão horrorizou os contemporâneos de Maquiavel. Francesco Guicciardini falava em nome de todos eles quando respondeu em suas *Considerações sobre os Discursos* que "louvar a desunião é como louvar a doença de um enfermo por causa das virtudes do remédio aplicado a ela".* O argumento de Maquiavel seguia na contracorrente de toda a tradição do pensamento republicano em Florença, que defendia firmemente a noção de que toda e qualquer discórdia devia ser proscrita como facciosa, além da noção de que o facciosismo constituía a ameaça mais letal à liberdade cívica, tradição que vinha desde o final do século XIII, quando Remigio de Girolami, Brunetto Latini, Dino Compagni e sobretudo Dante tinham denunciado vigorosamente seus concidadãos que, recusando-se a viver em paz, colocavam suas liberdades em risco. Portanto, insistir na surpreendente avaliação de que – como declara Maquiavel – as desordens de Roma "merecem o mais alto louvor" era repudiar um dos postulados mais caros do humanismo florentino.

No entanto, Maquiavel não volta atrás no ataque a essa crença ortodoxa. Ele menciona explicitamente "a opinião dos muitos" que sustentam que os choques constantes entre os plebeus e os nobres em Roma deixaram a cidade "tão tomada pela confusão" que apenas "a boa Fortuna e a *virtù* militar" impediram que ela se dilacerasse. Mas ele insiste ainda que os que condenam as desordens de Roma não conseguem ver que elas serviram para impedir a vitória dos interesses sectários, e assim estão "encontrando defeito naquilo que, como causa primeira, manteve Roma livre" (202). Dessa forma ele conclui que, mesmo que as dissensões fossem em si um mal, foram "um mal necessário para a obtenção da grandeza romana" (211).

A prevenção da corrupção

Maquiavel argumenta a seguir que, embora uma constituição mista seja necessária, em si só é insuficiente

---

* GUICCIARDINI, Francesco, "Considerations on the 'Discourses' of Machiavelli", in *Select Writings*, trad. e ed. C. e M. Grayson. Londres, 1965, p. 68.

para garantir a preservação da liberdade. Isso porque – como ele alerta novamente – a maioria das pessoas se dedica mais a suas ambições próprias do que ao interesse público, e elas "nunca fazem nenhum bem a não ser por necessidade" (201). Disso decorre uma tendência perpétua de que os cidadãos mais poderosos e os grupos de interesse mais fortes alterem o equilíbrio da constituição em favor de seus próprios fins egoístas e facciosos, assim introduzindo as sementes da corrupção no corpo político e colocando sua liberdade em risco.

Para enfrentar essa ameaça ineliminável, Maquiavel tem mais uma proposta constitucional a apresentar: ele sustenta que o preço da liberdade é a eterna vigilância. É essencial, em primeiro lugar, conhecer os sinais de perigo – reconhecer os meios pelos quais um cidadão individual ou um partido político pode ser capaz de "obter mais poder do que é seguro" (265). A seguir, é essencial desenvolver um conjunto especial de leis e instituições para lidar com tais emergências. Uma república, como coloca Maquiavel, "deve ter entre suas *ordini* a seguinte: que os cidadãos sejam vigiados de modo que não possam fazer o mal sob a capa do bem e, assim, só ganhem tal popularidade enquanto ela promove e não prejudica a liberdade" (291). Por fim, é então essencial que todos "mantenham os olhos abertos", sempre prontos não só a identificar tais tendências de corrupção, mas também a empregar a força da lei a fim de removê-las tão logo – ou mesmo antes que – comecem a se tornar uma ameaça (266).

Maquiavel complementa essa análise com a sugestão de que há mais uma lição constitucional de grande importância a se aprender com a história inicial de Roma. Como Roma preservou sua liberdade por mais de quatrocentos anos, parece que seus cidadãos devem ter identificado corretamente as ameaças mais sérias a suas liberdades e desenvolveram as *ordini* corretas para lidar com elas.

Segue-se daí que, se quisermos entender tais riscos e suas respectivas soluções, será útil voltarmos uma vez mais à história da república romana, procurando aproveitar sua sabedoria antiga e aplicá-la ao mundo moderno.

Como mostra o exemplo de Roma, o perigo inicial que toda constituição mista precisa enfrentar sempre advirá daqueles que se beneficiavam do regime anterior. Nos termos de Maquiavel, tal é a ameaça colocada pelos "filhos de Bruto", problema que menciona pela primeira vez no capítulo 16 e volta a ressaltar no começo de seu terceiro discurso. Júnio Bruto libertou Roma da tirania de Tarquínio Soberbo, o último rei; mas os filhos de Bruto estavam entre os que tinham "obtido proveito com o governo tirânico" (235). Logo, para eles, o estabelecimento da "liberdade do povo" não parecia melhor do que a escravidão. Portanto, foram "levados a conspirar contra sua cidade natal pela única razão de que não poderiam obter proveitos ilegalmente sob os cônsules como haviam feito sob os reis" (236).

Contra esse tipo de risco "não existe remédio mais potente, nem mais eficaz, mais seguro e mais necessário do que matar os filhos de Bruto" (236). Maquiavel reconhece que pode parecer cruel – e acrescenta em seu tom mais indiferente que sem dúvida trata-se de "um caso chocante entre os fatos registrados" – que Bruto tivesse se disposto a "sentar no assento de juiz e não só condenar seus filhos à morte, mas também presenciar a execução" (424). Porém, Maquiavel insiste que essa severidade é realmente indispensável: "Pois quem se apossa de uma tirania e não mata Bruto, e quem cria um estado livre e não mata os filhos de Bruto, irá se manter apenas por pouco tempo" (425).

Uma outra ameaça à estabilidade política advém da notória propensão das repúblicas com governo próprio a caluniar e demonstrar ingratidão para com seus cidadãos ilustres. Maquiavel menciona esse defeito pela primeira vez no capítulo 29, no qual argumenta que um dos erros mais graves que qualquer cidade está sujeita a cometer "ao se manter livre" é o de causar "dano a cidadãos que ela deveria recompensar". É uma doença especialmente perigosa se não for tratada, pois os que sofrem tais injustiças geralmente estão numa posição forte para revidar, com isso levando a cidade "muito rapidamente à tirania – como aconteceu em Roma com César, o qual tomou à força o que a ingratidão lhe havia negado" (259).

O único remédio possível é instituir *ordini* especiais destinadas a desencorajar os invejosos e os ingratos a prejudicar a reputação de pessoas insignes. O melhor método é "dar aberturas suficientes para apresentar queixa". Qualquer cidadão que se sinta caluniado deve poder exigir, "sem nenhum medo ou sem nenhuma hesitação", que seu acusador compareça ao tribunal para fornecer a devida comprovação de suas alegações. Depois de "feita e bem investigada" a acusação formal, se se demonstrar que as alegações não se sustentam, a lei deve determinar uma punição severa ao caluniador (215-16).

Finalmente, Maquiavel aborda o que considera como o perigo mais grave para o equilíbrio de uma constituição mista, a saber, o risco de que um cidadão ambicioso possa tentar formar um partido baseado na lealdade a ele mesmo, e não ao bem comum. Maquiavel começa a analisar essa fonte de instabilidade no capítulo 34, e a partir daí dedica-se basicamente a examinar, até o final do primeiro discurso, como essa corrupção tende a surgir e quais tipos de *ordini* são necessários para garantir que essa porta para a tirania continue fechada.

Uma maneira de estimular o crescimento do facciosismo é permitir o prolongamento dos comandos militares. Maquiavel chega a sugerir que foi "o poder que os cidadãos ganharam" dessa maneira que, mais do que qualquer outra coisa, acabou por "tornar Roma escrava" (267). Isso porque, quando tal "livre autoridade é concedida por muito tempo", é sempre "em detrimento da liberdade", visto que a autoridade absoluta sempre corrompe os cidadãos convertendo-os em seus "amigos e partidários" (270, 280). Foi o que aconteceu nos exércitos romanos na última república. "Quando um cidadão era por muito tempo comandante de um exército, ele ganhava seu apoio e tornava-o seu partidário", de forma que o exército "com o tempo esquecia o Senado e considerava-o como seu chefe" (486). Aí bastava que Sula, Mário e mais tarde César procurassem "soldados que os seguissem, em oposição ao bem público", para que o equilíbrio da constituição pendesse tão brutalmente para um dos lados que logo sobrevinha a tirania (282, 486).

A reação adequada a essa ameaça não é se assustar à simples ideia de autoridade ditatorial, visto que por vezes ela pode ser de necessidade vital em casos de emergência nacional (268-9). Pelo contrário, a resposta deve ser assegurar, por meio das *ordini* corretas, que não se abuse de tais poderes. É possível fazê-lo de duas maneiras principais: exigindo que todos os comandos absolutos sejam "estabelecidos por prazo limitado, mas não vitalício" e garantindo que o exercício desses comandos fique restrito apenas ao que é necessário para "resolver aquele assunto que levou a instaurá-los". Enquanto tais *ordini* forem observadas, não haverá qualquer perigo de que o poder absoluto venha a corromper absolutamente e "enfraquecer o governo" (268).

A outra principal fonte de faccionismo é a influência perniciosa exercida pelos que possuem grande riqueza pessoal. Os ricos sempre estão em posição de prestar favores a outros cidadãos, como "emprestar-lhes dinheiro, casar suas filhas, protegê-los dos magistrados" e, de modo geral, conferir benefícios variados. Esse tipo de patronato é extremamente sinistro, pois tende a "tornar os homens partidários de seus benfeitores" em prejuízo do interesse público. Isso, por sua vez, serve para "dar ao homem que seguem coragem de pensar que pode corromper o público e violar as leis" (493). Daí a insistência de Maquiavel que "a corrupção e a pouca aptidão para a vida livre surgem da desigualdade numa cidade"; daí também sua reiterada advertência de que "a ambição dos ricos, se uma cidade não a esmaga por vários meios e de várias maneiras, é o que a conduz rapidamente à ruína" (240, 274).

A única saída dessa situação é que as "repúblicas bem-ordenadas" cuidem de "manter seus tesouros públicos ricos e seus cidadãos pobres" (272). Maquiavel é um tanto vago sobre o tipo de *ordini* necessário para isso, mas é eloquente sobre os benefícios a se esperarem de tal política. Se a lei é utilizada para "manter os cidadãos pobres", será eficaz em impedi-los – mesmo quando lhes falta "bondade e sabedoria" – de "corromper a si mesmos ou a outros com riquezas" (469). Se, ao mesmo tempo, os cofres públicos se mantiverem cheios, o governo será capaz de superar os ricos em qualquer "projeto de favorecer o povo", pois sempre será possível oferecer recompensa maior por serviços públicos do que por serviços privados (300). Assim, Maquiavel conclui que "a coisa mais útil que uma comunidade livre pode fazer é manter seus membros pobres" (486). Ele encerra sua argumentação num tom retórico grandiloquente, acrescentando que poderia "demonstrar com um longo discurso que a pobreza produz frutos muito melhores do que a riqueza", se "os escritos de outros homens não tivessem muitas vezes dado esplendor ao tema" (488).

Chegando a esse ponto da análise de Maquiavel, podemos facilmente ver que – como no terceiro discurso – há uma preocupação contínua com os destinos de sua cidade natal sob a superfície da argumentação geral. Em primeiro lugar, ele nos lembra que, para que uma cidade preserve sua liberdade, é essencial que sua constituição traga alguma cláusula sobre o vício corrente de caluniar e lançar suspeitas sobre cidadãos ilustres. A seguir, ele assinala que esse aspecto "sempre foi mal atendido em nossa cidade de Florença". Quem "lê a história desta cidade verá quantas calúnias têm sido desde sempre proferidas contra cidadãos que se dedicaram a seus assuntos importantes". Disso resultam "inúmeros transtornos", que apenas contribuem para prejudicar as liberdades da cidade e que poderiam ser facilmente evitados se alguma vez tivesse se estabelecido "um dispositivo para prestar queixas contra cidadãos e punir caluniadores" (216).

Florença avançou mais um passo rumo à escravidão quando deixou de impedir que Cosimo de Medici criasse um partido voltado para a promoção dos interesses egoístas de sua família. Maquiavel expõe a estratégia que uma cidade precisa adotar caso um cidadão insigne tente corromper o povo com sua riqueza: ela deve derrotá-lo tornando mais vantajoso servir ao bem comum. No entanto, os rivais de Cosimo decidiram expulsá-lo de Florença, com isso provocando tanta indignação entre seus seguidores que estes acabaram por "chamá-lo de volta e o fizeram príncipe da república – posto ao qual nunca conseguiria ter chegado sem aquela oposição aberta" (266, 300).

A última chance de Florença de assegurar suas liberdades surgiu em 1494, quando os Medici foram novamente exilados e a república foi plenamente restaurada. Nesse momento, porém, os novos líderes da cidade, sob a direção de Piero Soderini, cometeram o erro mais fatal de todos ao deixar de adotar uma política que, segundo Maquiavel, é absolutamente indispensável sempre que ocorre uma mudança de regime. Qualquer um que "lê a história antiga" sabe que, dado o passo "da tirania para a república", é essencial matar "os filhos de Bruto" (424-5).

Mas Soderini "acreditava que, com paciência e bondade, conseguiria vencer o desejo dos filhos de Bruto de voltar sob outro governo", pois julgava que "poderia extinguir as facções más" sem derramar sangue e "eliminar a hostilidade de alguns homens" com recompensas (425). O resultado dessa espantosa ingenuidade foi que os filhos de Bruto – isto é, os partidários dos Medici –, sobrevivendo, destruíram Soderini e restauraram a tirania dos Medici após o fiasco de 1512.

Soderini não pôs em prática o preceito central da arte maquiaveliana de governar. Duvidava que de uma má ação pudesse resultar algum bem, e por isso não quis esmagar seus adversários – por saber que teria de lançar mão de poderes ilegais para tanto. O que ele não conseguiu enxergar foi a insensatez de se render a tais escrúpulos quando as liberdades da cidade realmente estavam em risco. Ele deveria ter visto que "suas obras e suas intenções seriam julgadas pelos resultados" e entendido que, "se a Fortuna e a vida estavam com ele, poderia convencer a todos que aquilo que ele fazia era para a preservação de sua cidade natal, e não por ambição pessoal" (425). Desse modo, as consequências de "não ter a sabedoria de ser como Bruto" foram as mais catastróficas possíveis. Ele não só perdeu "sua posição e sua reputação", como também perdeu a cidade e suas liberdades, e condenou seus concidadãos a "se tornarem escravos" (425, 461). Como no terceiro discurso, a argumentação de Maquiavel culmina na violenta denúncia do líder e do governo a que ele próprio servira.

A busca do império

No início do segundo discurso, Maquiavel revela que seu tratamento das *ordini* ainda está apenas pela metade. Até aqui, ele sustentou que uma cidade, para alcançar a grandeza, precisa desenvolver as leis e instituições corretas de modo a garantir que os cidadãos se comportem com a mais alta *virtù* na condução de seus assuntos "internos". Agora, ele anuncia que é igualmente essencial estabelecer mais um conjunto de *ordini* destinadas a incentivar os cidadãos a se conduzirem com igual *virtù* em seus assuntos "externos" – como ele designa suas relações militares e diplomáticas com outros reinos e repúblicas (339). A exposição desse outro argumento ocupa toda a seção central do livro.

A necessidade dessas leis e instituições adicionais decorre do fato de que todas as repúblicas e todos os principados existem num estado de concorrência hostil entre si. Os homens nunca "se satisfazem em viver com seus próprios recursos"; estão sempre "inclinados a tentar governar outros" (194). Com isso, é "impossível que uma república consiga se manter firme e gozar suas liberdades" (379). Qualquer cidade que tente seguir um curso apaziguador logo cairá vítima do fluxo incessante da vida política, em que as fortunas de todos sempre "sobem ou descem", jamais podendo "ficar imóveis" (210). A única solução é tratar o ataque como a melhor forma de defesa, adotando uma política de expansão para garantir que a cidade natal "possa tanto se defender dos que a atacam quanto esmagar quem se opõe à sua grandeza" (194). A busca de domínios no estrangeiro é, assim, considerada como pré-requisito para a liberdade em casa.

Como antes, Maquiavel recorre à história inicial de Roma para corroborar essas afirmações gerais. Ele afirma no capítulo de abertura que "nunca existiu nenhuma outra república" com tantas *ordini* corretas para a expansão e a conquista (324). Roma devia tais ordenamentos a Rômulo, seu primeiro legislador, que procedeu com tanta antevisão que a cidade foi capaz, desde o começo, de desenvolver uma "invulgar e imensa *virtù*" na condução de seus assuntos militares (332). Por sua vez, isso lhe permitiu – a par de sua excepcional boa Fortuna – elevar-se, por meio de uma série de vitórias brilhantes, à sua posição final de "suprema grandeza" e "tremendo poder" (337, 341).

Como Rômulo percebeu corretamente, é preciso adotar dois procedimentos fundamentais para que a cidade possa regular seus assuntos "externos" de modo satisfatório. Em primeiro lugar, é essencial o maior número possível de cidadãos disponíveis para as finalidades de defesa e também de expansão. Para tanto, deve-se adotar duas linhas de ação relacionadas. A primeira – examinada no capítulo 3 – é encorajar a imigração: é obviamente benéfico para a cidade, e sobretudo para sua mão de obra, preservar "os caminhos abertos e seguros para estrangeiros que queiram vir morar nela" (334). A segunda estratégia – discutida no capítulo 4 – é "obter associados para si": é preciso se cercar de aliados, mantendo-os em posição subordinada, mas protegendo-os com suas leis, em troca de poder recorrer a seus serviços militares (336-7).

O outro procedimento crucial está ligado a essa opção por reunir as mais vastas forças possíveis. Para tirar o melhor proveito delas e, assim, servir com maior eficácia aos interesses da cidade, é essencial travar guerras "curtas e grandes". Foi o que os romanos sempre fizeram, pois, "tão logo era declarada a guerra", invariavelmente eles "conduziam seus exércitos contra o inimigo e imediatamente travavam uma batalha". Não existe nenhuma política, conclui Maquiavel, incisivo, "mais segura ou mais forte ou mais vantajosa", pois ela permite chegar a um acordo com os adversários numa posição de força e ao menor custo (342).

Depois de delinear essas *ordini* militares, Maquiavel passa a examinar uma série de lições mais específicas sobre a condução da guerra que, segundo ele, é possível extrair do estudo das realizações romanas. Este tema, introduzido no capítulo 10, ocupa-o pelo resto do segundo discurso, além de ser abordado – num estilo mais polido, mas essencialmente semelhante – nas seções centrais de seu tratado posterior sobre *A arte da guerra*.

Talvez seja um sinal do pessimismo cada vez maior de Maquiavel em relação às perspectivas de ressuscitar a antiga *virtù* militar no mundo moderno o fato de que todas as suas conclusões nesses capítulos são apresentadas de forma negativa. Em vez de examinar as abordagens capazes de encorajar a *virtù* e promover a grandeza, ele se concentra exclusivamente nas táticas e estratégias que envolvem erros e, por conseguinte, acarretam "morte e ruína" em lugar da vitória (377-8). O resultado é uma longa lista de advertências e admoestações. É imprudente aceitar a máxima comum de que "as riquezas são os fundos da guerra" (348-9). É prejudicial tomar "decisões hesitantes" ou "lentas e tardias" (361). É inteiramente falso supor que a condução da guerra "será entregue, com o tempo, à artilharia" (367, 371). É inconveniente empregar soldados auxiliares ou mercenários – ponto que, lembra-nos Maquiavel, já foi apresentado "extensamente numa outra obra" (381). É inútil em tempo de guerra – e em tempo de paz é ativamente prejudicial – confiar em fortalezas como principal sistema de defesa (394). É perigoso impossibilitar o cidadão de receber "desagravo para sua satisfação" se ele se sente insultado ou prejudicado (405). E o pior erro de todos é "recusar qualquer acordo" quando atacado por forças superiores, e tentar derrotá-las em posição de desvantagem (403).

A razão que Maquiavel apresenta para condenar tais práticas é a mesma em todos os casos. Todas elas deixam de reconhecer que, para alcançar a glória cívica, a qualidade mais necessária a se instilar nos exércitos próprios – e a ser levada em conta nos exércitos inimigos – é a *virtù*, a disposição de deixar de lado qualquer consideração pelo interesse e pela segurança pessoal, a fim de defender as liberdades da terra natal.

Em algumas linhas de ação mencionadas, Maquiavel declara que o perigo é que despertem uma *virtù* excepcional contra os que adotam tais políticas. É por isso, por exemplo, que é um erro confiar em fortalezas. A segurança que elas proporcionam torna-te "mais rápido e menos hesitante em oprimir teus súditos", mas isso, por sua vez, "agita-os de uma maneira tal que tua fortaleza, que é a causa dessa agitação, não poderá te defender" contra o ódio e a fúria deles (393). O mesmo se aplica à impossibilidade de vingar injúrias. Se um cidadão se sente gravemente insultado, ele pode derivar tanta *virtù* de seu senso de ultraje que, em troca, poderá infligir uma injúria extremada, como aconteceu no caso de Pausânias, que assassinou Filipe da Macedônia por lhe ter negado vingança após sofrer desonra (405-6).

Em outros casos, o perigo é que a fortuna caia nas mãos de pessoas sem qualquer preocupação virtuosa pelo interesse público. É o que acontece quando se permite que as decisões políticas sejam tomadas de maneira lenta ou hesitante. Pois geralmente é seguro supor que os que desejam impedir que se atinja uma conclusão são "movidos por paixão egoísta" e na verdade estão tentando "derrubar o governo" (361). O mesmo se aplica ao emprego de tropas auxiliares ou mercenárias. Como tais forças sempre são totalmente corruptas, "geralmente saqueiam aquele que as contratou, tanto quanto aquele contra o qual foram contratadas" (382).

O que há de mais perigoso é não perceber que a qualidade da *virtù* é a coisa mais importante de todas, em assuntos tanto civis quanto militares. É por isso que é tão desastroso avaliar os inimigos pela riqueza deles, pois o que se deveria estar medindo é, evidentemente, a *virtù* deles, visto que "a guerra é feita de aço e não de ouro" (350). O mesmo se aplica à questão de depender da artilharia para ganhar as batalhas. Sem dúvida, Maquiavel reconhece que os romanos "teriam obtido seus ganhos mais depressa se existissem armas naqueles tempos" (370). Mas ele persiste em considerar um erro cardeal supor que, "como resultado dessas armas de fogo, os homens não possam usar e mostrar sua *virtù* como faziam na antiguidade" (367). Portanto, Maquiavel continua a extrair a conclusão um tanto otimista de que "a artilharia é útil num exército se a ela se soma a *virtù* dos antigos", mas se mostra "absolutamente inútil contra um exército virtuoso" (372). Por fim, as mesmas considerações explicam por que é especialmente perigoso recusar negociações diante de forças superiores. É mais do que se pode exigir, em termos realistas, mesmo dos mais virtuosos soldados, e significa "entregar o resultado" ao "capricho da Fortuna" de uma forma que "nenhum homem prudente arriscaria, a menos que fosse obrigado" (403).

Tal como nos outros dois discursos, o exame da história romana prepara Maquiavel para um desfecho em que faz uma comparação antagônica entre a corrupção total de sua cidade natal e a *virtù* exemplar do mundo antigo. Os florentinos podiam facilmente "ter visto os meios que os romanos empregavam" em seus assuntos militares e "poderiam ter seguido seu exemplo" (380). Mas, na verdade, não levaram os métodos romanos em consideração, e assim caíram em todas as armadilhas imagináveis (339). Os romanos entendiam plenamente os perigos de agir com indecisão. Mas os dirigentes florentinos nunca captaram essa lição óbvia da história e, com isso, trouxeram "dano e desgraça à nossa república" (361). Os romanos sempre reconheceram a inutilidade de tropas mercenárias e auxiliares. Mas os florentinos, junto com muitas outras repúblicas e principados, ainda são desnecessariamente humilhados por confiar nessas forças corruptas e covardes (383). Os romanos viam que, tendo seus associados sob vigilância, a política de "construir fortalezas como freio para mantê-los leais" só geraria ressentimento e insegurança. Em contraste, "é um dito corrente em Florença, apresentado por nossos sábios, que Pisa e outras cidades semelhantes devem ser mantidas com fortalezas" (392). Finalmente – e com a maior angústia –, Maquiavel chega à posição que já estigmatizara como a mais irracional de todas: não negociar diante de forças superiores. Todos os testemunhos da história antiga comprovam que isso é desafiar a Fortuna da maneira mais imprudente possível. E, no entanto, foi exatamente isso o que fizeram os florentinos quando os exércitos de Fernando invadiram a cidade no verão de 1512. Tão logo os espanhóis cruzaram a fronteira, viram-se com escassez de alimentos e tentaram obter uma trégua. Mas "o povo de Florença, tornando-se arrogante, não aceitou" (403). O resultado imediato foi a pilhagem de Prato, a rendição de Florença, a queda da república e a restauração da tirania dos Medici – todas as quais poderiam ter sido facilmente evitadas. Tal como antes, Maquiavel se sente levado a concluir num tom de raiva quase desesperada pelas tolices do regime a que ele mesmo servira.

Capítulo 4
O historiador de Florença

A finalidade da história

Logo depois de concluir os *Discursos*, uma súbita mudança na roda da Fortuna finalmente trouxe a Maquiavel o patronato do governo dos Medici, a que sempre aspirara. Lorenzo de Medici – a quem ele havia rededicado *O príncipe*, após a morte de Giuliano em 1516 – morreu em idade prematura três anos depois. O sucessor no controle dos assuntos florentinos foi seu primo, o cardeal Giulio, que logo seria eleito papa Clemente VII. Acontece que o cardeal era parente de um dos amigos mais próximos de Maquiavel, Lorenzo Strozzi, a quem ele dedicou mais tarde *A arte da guerra*. Devido a essa ligação, Maquiavel conseguiu ser apresentado à corte dos Medici em março de 1520, e logo depois recebeu a insinuação de que poderiam lhe encontrar uma ocupação – se não diplomática, ao menos literária. Ele não foi frustrado em suas expectativas, pois em novembro do mesmo ano recebeu uma encomenda formal dos Medici para escrever a história de Florença.

A elaboração de *A história de Florença* ocupou Maquiavel quase pelo resto da vida. É sua obra mais extensa e feita com maior vagar, na qual ele segue com o máximo cuidado as prescrições literárias de seus autores clássicos favoritos. Os dois postulados básicos da historiografia clássica – e, portanto, humanista – ditavam que as obras de história deviam inculcar lições morais e, para isso, os materiais deveriam ser selecionados e organizados de modo a realçar as lições adequadas com máxima intensidade. Salústio, por exemplo, havia feito uma importante

5. A escrivaninha de Maquiavel em sua casa
em Sant'Andrea, em Percussina, sul de Florença,
onde redigiu *O príncipe* em 1513.

defesa desses dois princípios. Em *A guerra com Jugurta*, ele afirmava que o objetivo do historiador deve ser refletir sobre o passado de maneira "útil" e "proveitosa" (IV.1-3). E em *A guerra com Catilina* sua inferência foi que a abordagem correta deveria consistir em "selecionar as partes" que parecem "dignas de registro", sem tentar fornecer uma crônica completa dos fatos (IV.2).

Maquiavel atende com diligência a esses dois ditames, como mostra especialmente na maneira como trata as várias transições e os pontos altos de sua narrativa. O Livro II, por exemplo, termina com um relato edificante sobre o duque de Atena, que governou Florença como tirano em 1342 e foi afastado do poder no ano seguinte. O Livro III passa quase diretamente para o próximo episódio ilustrativo – a revolta dos Ciompi em 1378 – após apresentar um quadro muito esquemático dos quase quarenta anos de entremeio. Da mesma forma, o Livro III se encerra descrevendo a reação que se seguiu à revolução de 1378, e o Livro IV se inicia com outro salto de quarenta anos, discutindo como os Medici chegaram ao poder.

Outro postulado da historiografia humanista estabelecia que o historiador, para transmitir as lições mais salutares da maneira mais memorável, devia cultivar um estilo retórico imponente. Como Salústio havia declarado no começo de *A guerra com Catilina*, o grande desafio da história consiste em que "o estilo e a dicção devem ser compatíveis com os eventos narrados" (III.2). Aqui também Maquiavel leva o preceito muito a sério, a ponto de decidir, no verão de 1520, compor um "modelo" de história, cujo rascunho fez circular entre seus amigos dos *Orti Oricellari*, pedindo comentários sobre sua abordagem. Ele escolheu como tema a biografia de Castruccio Castracani, o tirano de Lucca no começo do século XIV. Mas os detalhes da vida de Castruccio – alguns simplesmente inventados por Maquiavel – têm para ele menos interesse do que a tarefa de selecioná-los e ordená-los de maneira elevada e edificante. A descrição inicial de Castruccio como filho enjeitado no nascimento é fictícia, mas oferece a Maquiavel o pretexto para fazer um grandioso discurso sobre o poder da Fortuna nos assuntos humanos (533-4). O momento em que o jovem Castruccio – que foi criado por um padre – começa pela primeira vez "a se ocupar de armas" é mais uma oportunidade para Maquiavel apresentar uma versão do clássico debate sobre o fascínio rival das letras e das armas (535-6). A oração que o tirano pronuncia arrependido, à hora da morte, também se insere nas melhores tradições da historiografia antiga (553-4). E a narrativa é rematada com vários exemplos do talento de Castruccio para os epigramas, os quais, na verdade, foram em sua maioria furtados diretamente de *Vidas dos filósofos*, de Diógenes Laércio, e simplesmente inseridos para efeitos retóricos (555-9).

Quando Maquiavel enviou essa *Vida de Castruccio* a seus amigos Alamanni e Buondelmonti, eles a entenderam basicamente como um preparativo para a grande obra historiográfica que, naquela época, Maquiavel pretendia escrever. Respondendo numa carta de setembro de 1520, Buondelmonti se referiu à *Vida* como "um modelo para sua história" e acrescentou que, por essa razão, achava melhor comentar o manuscrito "principalmente do ponto de vista da linguagem e do estilo". Reservou seus mais altos elogios para os voos retóricos do texto, dizendo que o que mais apreciou, "acima de qualquer outra coisa", foi a fictícia oração no leito de morte. E falou a Maquiavel aquilo que provavelmente ele mais queria ouvir, enquanto se preparava para ingressar nesse novo campo literário: "Parece a todos nós que agora você deve se lançar ao trabalho para escrever sua *História* com toda a diligência" (C 394-5).

Quando Maquiavel se pôs devidamente a compor sua *História*, poucos meses mais tarde, esses recursos estilísticos foram primorosamente utilizados. O livro é concebido no estilo mais aforismático e antitético de Maquiavel, com todos os grandes temas de sua teoria política reaparecendo sob trajes retóricos. No Livro II, por exemplo, um dos *signori* enfrenta o duque de Atenas com uma oração apaixonada em "nome da liberdade, que nenhuma força esmaga, nenhum tempo desgasta, nenhuma vantagem compensa" (1124). No livro seguinte, um dos cidadãos comuns declama em tom igualmente elevado aos *signori*, discorrendo sobre o tema da *virtù* e da corrupção, e sobre a obrigação de todo cidadão em servir ao interesse público em todos os momentos (1145-8). E, no Livro V, Rinaldo degli Albizzi tenta angariar o apoio do duque de Milão contra o poder crescente dos Medici com mais uma declamação sobre a *virtù*, a corrupção e o dever patriótico em relação a uma cidade que "ama todo o seu povo por igual", e não a uma cidade que, "negligenciando todos os demais, inclina-se perante apenas alguns" (1242).

O preceito mais importante que os humanistas aprenderam com seus autores clássicos ditava que os historiadores deviam se concentrar nos feitos mais grandiosos de nossos ancestrais, assim incentivando-nos a emular suas ações mais nobres e mais gloriosas. Embora os grandes historiadores romanos tivessem a tendência de adotar uma perspectiva pessimista e frequentemente se estendessem sobre a corrupção cada vez maior do mundo, em geral isso os dispunha a insistir ainda mais na obrigação do historiador de recordar dias melhores. Como explica Salústio em *A guerra com Jugurta*, apenas mantendo viva "a memória dos grandes feitos" podemos pretender acender "no peito dos homens nobres" o tipo de ambição "que não pode ser sufocada enquanto eles, por sua própria *virtù*, não se igualarem em fama e glória a seus antepassados" (IV.6). Além disso, era esse gosto pelo panegírico na tarefa do historiador que os humanistas do Renascimento mais destacavam e extraíam de seus estudos de Lívio, Salústio e contemporâneos. Isso se vê claramente, por exemplo, nas considerações sobre a finalidade da história que aparecem na dedicatória da *História do povo florentino*, que o chanceler Poggio Bracciolini concluiu nos anos 1450. Ali ele afirma que "a grande utilidade de uma história realmente verídica" consiste no fato de que "somos capazes de observar o que pode ser alcançado pela *virtus* dos homens mais insignes". Vemos como foram motivados pelo desejo "por glória, por liberdade em seu país, pelo bem de seus filhos, dos deuses e de todas as coisas humanas". E somos "tão grandiosamente estimulados" por seus maravilhosos exemplos que "é como se eles nos esporeassem" para rivalizar com sua grandeza.*

Não há dúvida de que Maquiavel conhecia muito bem esse outro aspecto da historiografia humanista, pois ele chega a se referir com admiração à obra de Poggio no prefácio de sua própria *História* (1031). Mas aqui – depois de seguir meticulosamente a abordagem humanista – de súbito ele rompe as expectativas que havia criado. No começo do Livro V, quando passa a examinar a história de Florença no século anterior, Maquiavel anuncia que "as coisas feitas por nossos príncipes, no exterior e em casa, não podem, como as dos antigos, ser lidas com admiração por sua *virtù* e grandeza". É simplesmente impossível "falar da bravura de soldados ou da *virtù* de generais ou do amor dos cidadãos por sua terra". Só podemos falar de um mundo cada vez mais corrupto onde vemos "com que ardis e intrigas os príncipes, os soldados, os chefes das repúblicas, para manter uma reputação que não mereceram, conduziram seus assuntos". Assim, Maquiavel monta uma inversão completa dos postulados correntes sobre a finalidade da história: em vez de narrar uma história que "inflame os espíritos livres à emulação", ele pretende "inflamar esses espíritos para evitar e se libertar dos abusos atuais" (1233).

A história de Florença se organiza inteiramente em torno do tema do declínio e queda. O Livro I descreve a queda do Império Romano no ocidente e a chegada dos bárbaros na Itália. O final do Livro I e o começo do Livro II narram como "novas cidades e novos domínios nascidos entre as ruínas romanas mostraram tamanha *virtù*" que "libertaram a Itália e a defenderam contra os bárbaros" (1233). Mas, após esse breve período de modesto sucesso,

---

* Poggio Bracciolini, "Historiae Florentini Populi", in *Opera Omnia*, ed. R. Fubini, 4 vols. Turim, 1964, II, 91-4.

Maquiavel apresenta o restante da narrativa – do meio do Livro II até o final do Livro VIII, no qual ele encerra o relato nos anos 1490 – como uma história de progressiva corrupção e ruína. O nadir é alcançado em 1494, quando ocorreu a humilhação suprema: a Itália "retornou à escravidão" sob o domínio dos bárbaros que originalmente conseguira expulsar (1233).

Declínio e queda de Florença

O tema dominante de *A história de Florença* é a corrupção. Maquiavel descreve como sua influência maligna tomou conta de Florença, estrangulou sua liberdade e finalmente a conduziu à tirania e à desgraça. Como nos *Discursos* – que ele acompanha de perto –, Maquiavel entende que há duas áreas principais em que o espírito da corrupção é mais propenso a surgir e, depois de traçar uma distinção entre elas no prefácio, passa a utilizar essa distinção para organizar toda a obra. Primeiro, há um risco perene de corrupção no tratamento das políticas "externas", cujo principal sintoma é a tendência de conduzir os assuntos militares com indecisão e covardia crescentes. Segundo, há um risco semelhante em relação às "coisas feitas em casa", onde o crescimento da corrupção se manifestará principalmente sob a forma de "guerra civil e hostilidades internas" (1030-1).

Maquiavel aborda a primeira questão nos Livros V e VI, em que trata basicamente da história dos assuntos externos de Florença. Porém, não empreende – ao contrário do que havia feito nos *Discursos* – uma análise detalhada dos erros de cálculo e avaliação. Ele se contenta em oferecer uma série de ilustrações sarcásticas da incompetência militar florentina. Isso lhe permite preservar o formato corrente das histórias humanistas – que sempre traziam cuidadosos relatos de batalhas notáveis –, ao mesmo tempo parodiando o conteúdo. O ponto central desses cenários militares de Maquiavel é que todos os combates descritos são completamente ridículos, sem nada de marcial ou glorioso. Por exemplo, ao cscrever sobre a grande batalha de Zagonara, travada em 1424 no começo da guerra contra Milão, primeiro ele observa que foi vista na época como uma derrota fragorosa de Florença "noticiada por todas as partes da Itália". Então acrescenta que ninguém morreu no confronto, exceto três florentinos que, "caindo de seus cavalos, se afogaram na lama" (1193). Adiante, Maquiavel dá o mesmo tratamento satírico à famosa vitória conquistada pelos florentinos em Anghiari, em 1440. Durante todo esse longo combate, comenta ele, "não morreu mais do que um homem, e pereceu não por ferimentos ou qualquer golpe honroso, mas por cair do cavalo e ser pisoteado" (1280).

O restante da *História* é dedicado ao sórdido relato da corrupção interna de Florença, avolumando-se cada vez mais. Ao passar para esse tema no começo do Livro III, primeiramente Maquiavel deixa claro que, quando fala em corrupção interna, está pensando sobretudo – como nos *Discursos* – na tendência de se elaborarem leis e instituições cívicas "não para o proveito comum", e sim para vantagens individuais ou sectárias (1140). Ele critica seus grandes predecessores, Bruni e Poggio, por não terem dado a devida atenção a tal perigo em suas histórias de Florença (1031). E justifica sua profunda preocupação pessoal com o tema, insistindo que as inimizades que surgem quando uma comunidade assim perde sua *virtù* "geram todos os males que brotam nas cidades" – como é amplamente demonstrado pelo triste caso de Florença (1140).

Maquiavel começa por admitir que sempre existirão "inimizades sérias e naturais entre os plebeus e os nobres" em qualquer cidade, devido ao "desejo destes de governar e daqueles de não ser subjugados" (1140). Como nos *Discursos*, ele está longe de supor que todas essas hostilidades devam ser evitadas. Ele repete seu argumento anterior, segundo o qual "algumas divisões prejudicam e algumas divisões beneficiam as repúblicas. Prejudicam as que são acompanhadas por facções e partidários; beneficiam as que se mantêm sem facções e partidários." Assim, o objetivo de um legislador prudente não deveria ser o de "prover para que não existam inimizades", e sim apenas assegurar "que não existam facções" baseadas nas inimizades que surgem inevitavelmente (1336).

Em Florença, porém, as hostilidades que se desenvolveram sempre foram "as de facções" (1337). Em decorrência disso, a cidade tem sido uma daquelas desafortunadas comunidades condenadas a oscilar entre dois polos igualmente destrutivos, pendendo "não entre a liberdade e a escravidão", mas "entre a escravidão e a licenciosidade". Os plebeus são "os promotores da licenciosidade", ao passo que os nobres são "os promotores da escravidão". A cidade desamparada, por conseguinte, é lançada "da forma tirânica para a licenciosa, e desta de volta para a outra", ambas as partes tendo inimigos tão poderosos que nenhuma delas consegue impor uma estabilidade minimamente duradoura (1187).

Para Maquiavel, a história interna de Florença desde o século XIII se mostra, portanto, como uma série de movimentos espasmódicos entre esses dois extremos, enquanto a cidade e suas liberdades acabam por se despedaçar. O Livro II começa no início do século XIV, com os nobres no poder. Remete diretamente à tirania do duque de Atenas em 1342, quando os cidadãos "viram a majestade de seu governo arruinada, seus costumes destruídos, seus estatutos anulados" (1128). Por conseguinte, eles se viraram contra o tirano e estabeleceram seu regime popular. Mas, como Maquiavel narra no Livro III, tal regime, por sua vez, degenerou em licenciosidade quando a "turba descontrolada" conseguiu se apoderar da república em 1378 (1261-3). A seguir, o pêndulo oscilou de volta para "os aristocratas de origem popular", e nos meados do século XV tentaram novamente restringir as liberdades do povo, com isso encorajando uma nova forma de governo tirânico (1188).

Na verdade, quando Maquiavel chega à fase final de sua narrativa nos Livros VII e VIII, ele começa a expor sua argumentação num estilo mais indireto e cauteloso. O tema central é, inevitavelmente, a ascensão dos Medici, e ele sente claramente que precisa dar algum desconto pelo fato de que foi esta mesma família que lhe possibilitou escrever sua *História*. Mas, embora Maquiavel se empenhe bastante em disfarçar sua hostilidade, não é difícil reconstituir suas opiniões sobre a contribuição dos Medici à história florentina, juntando certas passagens da argumentação que ele teve o cuidado de manter separadas.

O Livro VII abre com uma discussão geral dos meios mais insidiosos com os quais um cidadão insigne pode querer corromper o populacho de maneira a promover facções divisionistas e conquistar o poder absoluto para si. A questão já fora extensamente tratada nos *Discursos*, e em larga medida Maquiavel se contenta em reiterar seus argumentos anteriores. O maior perigo é permitir que os ricos empreguem suas riquezas para ganhar "partidários que os seguem por proveito pessoal", em vez de seguir o interesse público. Ele acrescenta que existem dois métodos principais para isso. Um é "fazendo favores a vários cidadãos, defendendo-os dos magistrados, auxiliando-os com dinheiro e ajudando-os a conseguir cargos imerecidos". O outro é "agradando as massas com divertimentos e donativos públicos", montando exibições caras de natureza calculada para ganhar uma popularidade espúria e entreter o povo, que abre mão de suas liberdades (337).

Se passarmos com essa análise em mente para os dois últimos livros da *História*, não é difícil perceber o tom de aversão por trás das efusivas descrições dos sucessivos governos Medici. Maquiavel começa com Cosimo, prodigalizando-lhe um belo encômio no capítulo 5 do Livro VII, louvando-o em especial por superar "todos os outros de seu tempo" não só "em influência e riqueza, mas também em liberalidade". Mas logo fica claro que o que Maquiavel tem em mente é que, na época em que ele morreu, "não havia nenhum cidadão de qualquer posição na cidade a quem Cosimo não tivesse emprestado uma grande soma de dinheiro" (1342). As implicações sinistras dessa estudada munificência já tinham sido assinaladas antes. A seguir, Maquiavel passa para a breve carreira do filho de Cosimo, Piero de Medici. De início ele é descrito como "bom e honrado", mas logo descobrimos que seu senso de honra o levou a montar uma série de torneios de cavalaria e outros festejos tão esplêndidos e requintados que a cidade passou meses ocupada em prepará-los e apresentá-los (1352). Tal como no caso anterior, já tínhamos sido alertados sobre a influência perniciosa desses apelos espalhafatosos às massas. Por fim, quando chega aos anos de Lorenzo, o Magnífico – e assim ao período de sua própria juventude –, Maquiavel mal se dá ao trabalho de disfarçar o tom de antipatia crescente. Nessa fase, declara ele, "a Fortuna e a liberalidade" dos Medici tinham realizado tão decididamente sua obra de corrupção que "o povo havia ficado surdo" à simples ideia de derrubar a tirania dos Medici, e por causa disso desde então "a Liberdade não era conhecida em Florença" (1393).

O infortúnio final

Apesar da recaída de Florença na tirania, apesar do retorno dos bárbaros, Maquiavel ainda se consolava com a ideia de que a Itália fora poupada da pior degradação de todas. Embora os bárbaros tivessem vencido, não conseguiram submeter à espada nenhuma das maiores cidades da Itália. Como ele observa em *A arte da guerra*, Tortona pode ter sido saqueada, "mas não Milão; Cápua, mas não Nápoles; Brescia, mas não Veneza", e – por último e a mais simbólica de todas – "Ravenna, mas não Roma" (624).

Maquiavel não deveria ter provocado a Fortuna com esse excesso de confiança, pois em maio de 1527 aconteceu o inconcebível. No ano anterior, Francisco I havia traiçoeiramente se juntado a uma liga para recuperar as possessões na Itália que fora obrigado a ceder, após a derrota esmagadora que havia sofrido às mãos das forças imperiais em 1525. Reagindo a esse novo desafio, Carlos V mandou seus exércitos de volta à Itália na primavera de 1527. Mas as tropas estavam sem soldo e eram indisciplinadas: em vez de atacar alvos militares, avançaram diretamente sobre Roma. Entrando na cidade sem defesas em 6 de maio, entregaram-se a quatro dias de massacres e pilhagens que assombraram e horrorizaram todo o mundo cristão.

Com a queda de Roma, Clemente VII teve de fugir para salvar a vida. Com a perda do respaldo papal, o governo dos Medici em Florença, que já era cada vez mais impopular, desmoronou imediatamente. Em 16 de maio, o conselho da cidade se reuniu para proclamar a restauração da república, e, na manhã seguinte, os jovens príncipes Medici saíram da cidade e seguiram para o exílio.

Para Maquiavel, com suas firmes simpatias republicanas, a restauração do governo livre em Florença deveria ter sido um momento de triunfo. Mas, em vista de suas ligações com os Medici, que vinham lhe pagando seus salários nos últimos seis anos, a geração republicana mais jovem não devia considerá-lo muito mais do que um protegido insignificante e envelhecido da tirania caída em descrédito. Aparentemente, ele ainda alimentou algumas esperanças de retomar sua antiga posição na segunda chancelaria, mas não havia hipótese de obter qualquer colocação no novo governo anti-Medici.

A ironia da coisa parece ter alquebrado o espírito de Maquiavel, e logo a seguir ele contraiu uma doença da qual nunca se recuperou. O suposto episódio em que ele teria chamado um padre ao leito de morte para sua última confissão é repetido por inúmeros biógrafos, mas sem dúvida não passa de uma invenção piedosa de data posterior. Durante toda a vida, Maquiavel sempre desdenhou os sacramentos da Igreja, e não há nenhum indício de que tenha mudado de opinião na hora da morte. Ele morreu em 21 de junho, rodeado por parentes e amigos, e foi enterrado na igreja de Santa Croce no dia seguinte.

No caso de Maquiavel, mais do que qualquer outro teórico político, existe a tentação geralmente irresistível de acompanhá-lo além do túmulo, de acabar sumariando e pondo em julgamento sua filosofia. Esse processo se iniciou logo após sua morte e continua até hoje. Alguns dos primeiros críticos de Maquiavel, como Francis Bacon, foram capazes de reconhecer que "somos grandes devedores de Maquiavel e outros, que escrevem o que os homens fazem, e não o que deveriam fazer". Mas, em sua maioria, os leitores originais de Maquiavel ficaram tão chocados com seus pontos de vista que simplesmente o denunciaram como invenção do demônio, ou mesmo como o próprio demônio, o *Old Nick*. Por outro lado, os comentadores modernos de Maquiavel, na maior parte, têm encarado mesmo suas doutrinas mais escandalosas com um ar de atenta mundanidade. Porém, alguns deles, em especial Leo Strauss e seus discípulos, continuam a defender obstinadamente a posição tradicional de que (como diz Strauss) Maquiavel só pode ser definido como "um mestre do mal".

No entanto, a tarefa do historiador certamente é servir de anjo que registra, e não de juiz que condena. Assim, o que procurei fazer nestas páginas foi apenas recuperar o passado e colocá-lo diante do presente, sem tentar utilizar os critérios locais e contestáveis do presente como forma de louvar ou censurar o passado. Como orgulhosamente nos lembra a inscrição na lápide de Maquiavel, "nenhum epitáfio pode fazer jus a tão grande nome".

OBRAS DE MAQUIAVEL CITADAS NO TEXTO

The Art of War, in *Machiavelli: The Chief Works and Others*. Trad. A. Gilbert, 3 vols. Durham, NC, 1965, 561-726 [*A arte da guerra*. Trad. e notas Eugênio Vinci de Moraes. Porto Alegre: L&PM, 2008].

Caprices [*Ghiribizzi*], in R. Rideolfi e P. Ghiglieri, "I Ghiribizzi al Soderini", *La Bibliofilia*, 72 (1970), 71-4.

Correspondence [*Lettere*], Milão: ed. F. Gaeta, 1961.

Discourses on the first Decade of Titus Livius, in *Machiavelli*. Trad. Gilbert, 175-529 [*Comentários sobre a primeira década de Tito Lívio*. Trad. Sergio Bath. Ed. UnB, 1994].

The History of Florence, in *Machiavelli*. Trad. Gilbert, 1025-1435 [*História de Florença*. Trad. e notas Nélson Canabarro. Musa, 1994].

The Legations [*Legazioni e commissarie*], ed. S. Bertelli, 3 vols. Milão, 1964.

The Life of Castruccio Castracani of Lucca, in *Machiavelli*. Trad. Gilbert, 533-39 [*A vida de Castruccio Castracani*. Trad. Sergio Bath. Ed. UnB, 1994].

The Prince, ed. Q. Skinner e R. Prince. Cambridge, 1988 [*O príncipe*. Trad. e notas Antonio Caruccio-Caporale. Porto Alegre: L&PM, 1998].

A Provision for Infantry, in *Machiavelli*. Trad. Gilbert, 3.

Leituras complementares

Bibliografia
Silvia Ruffo Fiore, *Niccolò Machiavelli: An Annotated Bibliography of Modern Criticism and Scholarship* (Nova York, 1990), cobre o meio século anterior de estudos. Para uma análise de minha abordagem, ver Roberta Talamo, "Quentin Skinner interprete di Machiavelli", *Croci Via* 3 (1997), p. 80-101.

Biografia
A obra consagrada continua a ser Roberto Ridolfi, *The Life of Niccolò Machiavelli*, trad. Cecil Grayson (1963) [*Biografia de Nicolau Maquiavel*. Trad. Nelson Canabarro. Musa, 2003]. Sebastian de Grazia, *Machiavelli in Hell* (Princeton, 1989), é uma biografia intelectual incomum [*Maquiavel no inferno*. Trad. Denise Bottmann. Companhia das Letras, 1993]. John M. Najemy, *Between Friends: Discourses of Power and Desire in the Machiavelli-Vettori Letters of 1513-1515* (Princeton, 1993), concentra-se no período em que foi escrito *O príncipe*. Para estudo mais atualizado, ver Maurizio Viroli, *Il sorriso di Niccolò: Storia di Machiavelli* (Roma, 1968) [*O sorriso de Nicolau. Biografia de Maquiavel*. Trad. Valéria Pereira da Silva. Estação Liberdade, 2004].

O contexto político
Para o período da juventude de Maquiavel, ver Nicolai Rubinstein, *The Government of Florence under the Medici 1434-1494* (Oxford, 1966). Sobre a década de 1490, ver Donald Weinstein, *Savonarola and Florence* (Princeton, 1963). Sobre a carreira política e diplomática de Maquiavel, ver a seção "Machiavelli and the Republi-

can Experience", ensaios de Nicolai Rubinstein, Elena Fasano Guarini, Giovanni Silvano, Robert Black e John M. Najemy – in Gisela Bock, Quentin Skinner e Maurizio Viroli (orgs.), *Machiavelli and Republicanism* (Cambridge, 1990), p. 1-117. Sobre as vicissitudes da república florentina durante a vida adulta de Maquiavel, ver Rudolf von Albertini, *Firenze dalla repubblica al principato* (Turim, 1970), H. C. Butters, *Governors and Government in Early Sixteenth-Century Florence, 1502-1519* (Oxford, 1985), e J. N. Stephens, *The Fall of the Florentine Republic, 1512-1530* (Oxford, 1983).

O CONTEXTO INTELECTUAL

Os ensaios reunidos in P. O. Kristeller, *Renaissance Thought*, 2 vols. (Nova York, 1961-65), continuam indispensáveis. Para o levantamento mais completo da vida intelectual do período, ver Charles Schmitt, Eckhard Kessler, Quentin Skinner e Jill Kraye (orgs.), *The Cambridge History of Renaissance Philosophy* (Cambridge, 1988). Para a apresentação clássica do "humanismo cívico", ver Hans Baron, *The Crisis of the Early Italian Renaissance* (ed. rev., Princeton, 1966). Ver também Donald J. Wilcox, *The Development of Florentine Humanist Historiography in the Fifteenth Century* (Cambridge, Mass., 1969), e Peter Godman, *From Poliziano to Machiavelli: Florentine Humanism in the High Renaissance* (Princeton, 1998). Para análises da teoria política do período, ver Quentin Skinner, *The Foundations of Modern Political Thought,* 2 vols. (Cambridge, 1978) [*As fundações do pensamento político moderno*. Trad. Renato Janine Ribeiro e Laura Teixeira Motta. Companhia das Letras, 1996], e J. H. Burns e Mark Goldie (orgs.), *The Cambridge History of Political Thought 1450-1700* (Cambridge, 1991).

Estudos gerais sobre o pensamento político de Maquiavel

O esboço mais completo é Gennaro Sasso, *Niccolò Machiavelli. Il pensiero politico* (Bolonha, 1980). Uma obra clássica é Felix Gilbert, *Machiavelli and Guicciardini: Politics and History in Sixteenth-Century Italy* (ed. rev., Nova York, 1984). Mark Hulliung, *Citizen Machiavelli* (Princeton, 1983), destaca a subversão do humanismo clássico realizada por Maquiavel. Leo Strauss, *Thoughts on Machiavelli* (Glencoe, Ill., 1958), considera-o "um professor do mal". O lugar da religião no pensamento de Maquiavel foi preciosamente reavaliado num simpósio – com contribuições de John H. Geerken, Marcia L. Colish, Cary J. Nederman, Benedetto Fontana e John M. Najemy – in *Journal of the History of Ideas* (1999), p. 579-681. Ver também Anthony J. Parel, *The Machiavellian Cosmos* (New Haven, 1992).

Vocabulário político de Maquiavel

J. H. Whitfield, "On Machiavelli's Use of *Ordini*", in *Discourses on Machiavelli* (Cambridge, 1969), p. 141-62. J. H. Hexter, "*Il Principe* and *lo stato*", in *The Vision of Politics on the Eve of the Reformation* (Londres, 1973), p. 150-78. Russell Price, "The Senses of *Virtù* in Machiavelli", in *European Studies Review* 4 (1973), p. 315-45. Russell Price, "The Theme of *Gloria* in Machiavelli", in *Renaissance Quarterly* 30 (1977), p. 588-631. Victor A. Santi, *La "Gloria" nel pensiero di Machiavelli* (Ravenna, 1979). Quentin Skinner, "Machiavelli on the Maintenance of Liberty", in *Politics* 18 (1983), p. 3-15. Hanna Fenichel Pitkin, *Fortune is a Woman: Gender and Politics in the Thought of Niccolò Machiavelli* (Berkeley, Cal., 1984). Russell Price, "Self-Love, 'Egoism' and *Ambizione* in Machiavelli's Thought", in *History of Political Thought* 9 (1988),

p. 237-61. Harvey C. Mansfield, *Machiavelli's Virtue* (Chicago, 1996).

Retórica de Maquiavel

Recentemente tornou-se um importante foco de pesquisa. Para os estudos pioneiros, ver Nancy S. Struever, *The Language of History in the Renaissance: Rhetoric and Historical Consciousness in Florentine Humanism* (Princeton, 1970), e Brian Richardson, "Notes on Machiavelli's Sources and his Treatment of the Rhetorical Tradition", *Italian Studies* 26 (1971), p. 24-48. A primeira parte de Victoria Kahn, *Machiavellian Rhetoric from the Counter-Reformation to Milton* (Princeton, 1994), avalia a retórica de *O príncipe* e dos *Discursos* de Maquiavel. Quentin Skinner, "Thomas Hobbes: Rhetoric and the Construction of Morality", in *Proceedings of the British Academy* 76, p. 1-61, destaca o uso da redescrição retórica em Maquiavel. Virginia Cox, "Machiavelli and the *Rhetorica ad Herennium*: Deliberative Rhetoric in *The Prince*", in *Sixteenth Century Journal* 28 (1997), liga o vocabulário de Maquiavel diretamente à *ars rhetorica* romana. Maurizio Viroli, *Machiavelli* (Oxford, 1998), enfatiza especialmente o caráter retórico do pensamento de Maquiavel.

Estudos sobre *O príncipe*

Hans Baron, "Machiavelli: The Republican Citizen and the Author of *The Prince*" in *The English Historical Review* 76 (1961), p. 217-53. Felix Gilbert, "The Humanist Concept of the Prince and *The Prince* of Machiavelli", in *History: Choice and Commitment* (Cambridge, Mass., 1977), p. 91-114. Marcia Colish, "Cicero's *De Officiis* and Machiavelli's *Prince*", in *Sixteenth Century Journal* 9 (1978), p. 81-94. J. Jackson Barlow, "The Fox and the Lion: Machiavelli Replies to Cicero", in *History of Political Thought* 20 (1999), p. 627-45.

Estudos sobre os *Discursos*

Para uma leitura clássica do texto e seu contexto, ver J. G. A. Pocock, *The Machiavellian Moment: Florentine Political Thought and the Atlantic Republican Tradition* (Princeton, 1975), Parte II, "The Republic and its Fortune", p. 81-330. Sobre o quadro mais amplo do republicanismo de Maquiavel, ver Maurizio Viroli, *From Politics to Reason of State: The Acquisition and Transformation of the Language of Politics, 1250-1600* (Cambridge, 1992). Harvey Mansfield, *Machiavelli's New Modes and Orders* (Ithaca, 1979), apresenta comentários capítulo a capítulo. Estudos mais especializados incluem Felix Gilbert, "The Composition and Structure of Machiavelli's *Discorsi*", in *History: Choice and Commitment*, 1977, p. 115-33; Felix Gilbert, "Bernardo Rucellai and the Orti Oricellari: A Study on the Origin of Modern Political Thought", in *History: Choice and Commitment*, 1977, p. 215-46; Quentin Skinner, "Machiavelli's *Discorsi* and the Pre-humanist Origins of Republican Ideas", in Bock, Skinner e Viroli (orgs.), *Machiavelli and Republicanism*, p. 121-41.

Estudos sobre *A história de Florença*

A análise mais completa é Gennaro Sasso, *Niccolò Machiavelli II. La storiografia* (Bolonha, 1993). Os estudos detalhados a seguir são de especial importância: Felix Gilbert, "Machiavelli's *Istorie Fiorentine*: An Essay in Interpretation", in *History: Choice and Commitment*, 1977, p. 135-53; John M. Najemy, "*Arti* and *Ordini* in Machiavelli's *Istorie Fiorentine*", in Sergio Bertelli e Gloria Ramakus (orgs.), *Essays Presented to Myron P. Gilmore*, 2 vols. (Florença, 1978), p. 161-91; Carlo Dionisotti, "Machiavelli storico", in *Machiavellerie* (Turim, 1980), p. 365-409, e Gisela Bock, "Civil Discord in Machiavelli's *Istorie Fiorentine*", in Bock, Skinner e Virolli (orgs.), *Machiavelli and Republicanism*, 1990, p. 181-201.

Índice Remissivo

A

Adriani, Marcello 13, 15
Agátocles de Siracusa 60
Alamanni, Luigi 70
Alberti, Leon Battista 42
Albizzi, Rinaldo degli 109
Alexandre VI, papa 19, 21, 22
Anghiari, Batalha de 113
Aníbal 39, 83, 87
Aquino, São Tomás de 45
Aristóteles 47
artilharia 33, 102, 104
Atenas 72
Atenas, duque de 109, 114
auspícios 87

B

Bacon, Francis 118
bem público, interesse público 13, 79, 91, 93, 96, 97, 103, 109, 115
Boécio 7, 40, 41
Bolonha 23, 24, 31, 32
Bórgia, César 19, 26, 27, 28, 37, 49, 58, 61, 65
Braccesi, Alessandro 11
Bracciolini, Poggio 110, 111, 113
Brescia 117
Brucioli, Antonio 69, 70
Bruni, Leonardo 47, 113
Bruto, filhos de 94, 98, 99
Buondelmonti, Zanobi 70, 109
Burke, Edmund 9

C

calúnias 98
Camilo 83
Cânae, Batalha de 87
Cápua 117
Carlos V, imperador 117
Casa, Francesco della 16
Castracani, Castruccio 108, 120
César 95, 96
Cícero 7, 11, 13, 14, 39, 40, 45, 50, 52, 57, 62, 63, 66, 67, 75, 76, 90
Ciompi, Revolta de 107
Cipião 39, 87
Ciro 37, 52
clemência 53, 65
Compagni, Dino 92
Conselho dos Dez 16, 20, 22, 28
constituições mistas 90
corrupção 13, 37, 77, 79, 81, 83, 85, 86, 89, 90, 92, 93, 95, 97,

104, 109, 110, 112, 113, 116
Corsini, Marietta 18
Cristandade 25, 40, 46, 86

D

Dante 41, 92
De Officiis 14, 39, 52, 53, 57, 62, 63, 66, 67, 75, 76, 124
Diacceto, Jacopo da 70
dissensão, valor da 91
dissimulação 61

E

Engels, Friedrich 9
Esparta 89

F

facção 79, 91
Faenza 19
Fernando de Espanha 32, 38, 46, 58
Filipe da Macedônia 103
Florença 11, 12, 15, 16, 17, 18, 19, 21, 24, 28, 31, 32, 33, 38, 48, 49, 69, 80, 84, 87, 90, 92, 98, 105, 106, 107, 111, 112, 113, 114, 116, 117, 120, 125
fortalezas 102, 103, 105
Fortuna 21, 22, 23, 32, 37, 38, 39, 40, 41, 42, 43, 44, 45, 46, 50, 51, 52, 56, 57, 74, 75, 77, 78, 81, 84, 92, 99, 101, 104, 105, 106, 108, 116, 117
Francisco I de França 117

G

Gibbon, Edward 88
Giovio, Paolo 15
glória 13, 39, 40, 41, 43, 45, 50, 52, 53, 54, 57, 60, 62, 72, 74, 75, 77, 81, 83, 84, 85, 87, 88, 89, 102, 110
grandeza das cidades 70-90
guerra, condução da 101, 102
Guicciardini, Francesco 91, 92, 123

H

história, lições da 35, 84
honestidade 52, 53
humanismo 49, 55, 75, 76, 92, 122, 123

I

imigração 101
Ímola 19, 21, 30
império, busca do 99

J

Júlio II, papa 21, 23, 26, 28, 31, 33, 56, 61
juramentos 87

K

Kissinger, Henry 9

L

Laércio, Diógenes 109
Landucci, Luca 33, 48
Latini, Brunetto 92
lei, legisladores 89, 90, 93, 95, 97
liberalidade 53, 65, 116
Liberdade 116, 121
Licurgo 89
líderes militares, perigos dos 95-96
Lívio 7, 14, 39, 40, 45, 47, 70, 71, 74, 83, 110, 120
livre-arbítrio 41
Lucca 108, 120
Luís XII da França 16, 17, 23

M

Machiavelli, Bernardo 14
Maquiavel, Nicolau 3, 7, 8, 9, 10, 11, 12, 13, 14, 15, 16, 17, 18, 19, 20, 21, 22, 23, 24, 25, 26, 27, 28, 29, 30, 31, 32, 33, 35, 36, 37, 38, 42, 43, 44, 45, 46, 47, 48, 49, 50, 51, 52, 54, 55, 56, 57, 58, 59, 60, 61, 62, 63, 65, 66, 67, 68, 69, 70, 71, 72, 73, 74, 75, 76, 77, 78, 79, 80, 81, 82, 83, 84, 85, 86, 87, 88, 89, 90, 91, 92, 93, 94, 95, 97, 98, 99, 100, 101, 102, 103, 104, 105, 106, 107, 108, 109, 111, 112, 113, 114, 115, 116, 117, 118, 119, 120, 121, 122, 123, 124, 125

A mandrágora 69
A vida de Castruccio Castracani 120
Arte da guerra 49, 70, 83, 102, 106, 117
Caprichos 7
Correspondência 7, 8
Discursos 10, 14, 20, 36, 70, 71, 72, 73, 75, 81, 82, 91, 106, 112, 113, 114, 115, 124, 125
História de Florença 120
Legações 7, 8, 19, 20, 23, 27
O príncipe 7, 10, 20, 22, 23, 25, 26, 27, 28,

32, 34, 35, 36, 37, 38, 42, 45, 49, 50, 51, 52, 54, 56, 59, 61, 64, 68, 71, 72, 74, 75, 82, 83, 85, 106, 107, 120, 121, 124
Uma provisão para a infantaria 48
Mário 96
Marx, Karl 9
Maximiliano I, imperador 25, 26, 27
Medici, Cosimo de 98
Medici, família 33
Medici, Giovanni de, papa Leão X 33
Medici, Giuliano de 68
Medici, Giulio de, papa Clemente VII 70
Medici, Lorenzo de 106
Medici, Lorenzo de, o Magnífico 116
Medici, Piero de 116
medo, necessidade de incutir 83
mercenários 16, 30, 47, 48, 49, 50, 102
Milão 32, 113, 117
Milão, duque de 109
milícias 47
Mirandola, Pico della 41
Moisés 37, 52

N

Nápoles 117
natureza humana, Maquiavel sobre 53-54, 60-61, 79-81
necessidade 18, 26, 37, 38, 54, 55, 56, 57, 61, 79, 83, 93, 96
Nove da Milícia 49
Numa 86, 89

O

ódio, necessidade de evitar 28-30, 59
Orco, Rimirro de 30, 59
Orsini, os 30
Orti Oricellari 69, 70, 108, 125

P

pais fundadores 78, 89
Parma 32
Patrizi, Francesco 51, 53
Pausânias 103
Perugia 23, 24, 56
Petrarca, Francesco 41
Petrucci, Pandolfo 28, 56
Piccolomini, Aeneas Sylvius 42, 44
Pio III, papa 21
Piombino 19
Pisa 16, 48, 84, 105
Pisístrato 72
Platão 52

Plutarco 74
Políbio 47, 90
Pontano, Giovanni 42, 51
Prato 32, 49, 105

R

Ravenna 32, 117
religião 86, 87, 88, 123
Remigio de Girolami 92
república romana 75, 76, 94
riqueza 17, 41, 45, 96, 97, 98, 103, 116
Robertet, Florimond 17, 25
Roma 21, 25, 33, 68, 69, 70, 71, 72, 74, 75, 77, 82, 85, 86, 89, 90, 92, 93, 94, 95, 96, 100, 117
Romanha 19, 22, 29, 30, 59, 65
Rômulo 37, 75, 76, 77, 86, 89, 100, 101
Ronciglione, Paolo da 15
Rouen, Georges d'Amboise, arcebispo de 17
Rucellai, Cosimo 69, 70, 125

S

Sacchi, Bartolomeo 51
Salústio 7, 39, 106, 108, 110
Salutati, Coluccio 13
Santa Aliança 32
Sant'Andrea 33, 107
Savonarola, Girolamo 11, 15, 84, 87, 121
Scala, Bartolomeo 13
Sêneca 7, 39, 44, 53, 65
Senigália 30
Severo, Sétimo 58
Sforza, Francesco 37
Shakespeare, William 9, 42
Soderini, Giovan 56
Soderini, Piero 28, 98
Sólon 73
Strauss, Leo 118, 119, 123
Strozzi, Lorenzo 106
Sula 96

T

Tarquínio Soberbo 94
Teseu 37, 52
tirania 9, 13, 41, 70, 72, 81, 91, 94, 95, 96, 98, 99, 105, 112, 114, 116, 118
Torquato, Mânlio 83
Tortona 117

U

Urbino 19

V

Val di Chiana 19
Veneza 117
Vespucci, Agostino 18

Vettori, Francesco 26, 33, 35, 68, 121

virtù 8, 37, 44, 46, 51, 52, 57, 58, 59, 60, 75, 76, 77, 78, 79, 81, 82, 83, 84, 85, 87, 88, 89, 90, 91, 92, 100, 102, 103, 104, 109, 110, 111, 113

virtudes "cardeais" e "principescas" 52

virtus 8, 37, 40, 43, 50, 51, 52, 53, 110

Vitelli, os 30

Volterra, Francesco Soderini, cardeal de 28, 56

Z

Zagonara, Batalha de 113

Lista de ilustrações

1. O Palazzo Vecchio, Florença, onde Maquiavel trabalhou na segunda chancelaria de 1498 a 1512 © Stephanie Colasanti/Corbis

2. A página de rosto de uma das inúmeras edições venezianas iniciais de *O príncipe*

3. A página de rosto de *O príncipe* na tradução de Edward Dacres, a primeira edição publicada em inglês

4. Retrato de Maquiavel por Santi di Tito no Pallazo Vecchio, Florença © Bettman/Corbis

5. A escrivaninha de Maquiavel em sua casa em Sant'Andrea, em Percussina, sul de Florença, onde redigiu *O príncipe* em 1513 © AKG London/Eric Lessin

O editor e o autor pedem desculpas por qualquer erro ou omissão na lista acima. Se forem contatados, terão prazer em fazer as retificações na primeira oportunidade.

Coleção L&PM POCKET

1. **Catálogo geral da Coleção**
2. **Poesias** – Fernando Pessoa
3. **O livro dos sonetos** – org. Sergio Faraco
4. **Hamlet** – Shakespeare / trad. Millôr
5. **Isadora, frag. autobiográficos** – Isadora Duncan
6. **Histórias sicilianas** – G. Lampedusa
7. **O relato de Arthur Gordon Pym** – Edgar A. Poe
8. **A mulher mais linda da cidade** – Bukowski
9. **O fim de Montezuma** – Hernan Cortez
10. **A ninfomania** – D. T. Bienville
11. **As aventuras de Robinson Crusoé** – D. Defoe
12. **Histórias de amor** – A. Bioy Casares
13. **Armadilha mortal** – Roberto Arlt
14. **Contos de fantasmas** – Daniel Defoe
15. **Os pintores cubistas** – G. Apollinaire
16. **A morte de Ivan Ilitch** – L. Tolstói
17. **A desobediência civil** – D. H. Thoreau
18. **Liberdade, liberdade** – F. Rangel e M. Fernandes
19. **Cem sonetos de amor** – Pablo Neruda
20. **Mulheres** – Eduardo Galeano
21. **Cartas a Théo** – Van Gogh
22. **Don Juan** – Molière / Trad. Millôr Fernandes
24. **Horla** – Guy de Maupassant
25. **O caso de Charles Dexter Ward** – Lovecraft
26. **Vathek** – William Beckford
27. **Hai-Kais** – Millôr Fernandes
28. **Adeus, minha adorada** – Raymond Chandler
29. **Cartas portuguesas** – Mariana Alcoforado
30. **A mensageira das violetas** – Florbela Espanca
31. **Espumas flutuantes** – Castro Alves
32. **Dom Casmurro** – Machado de Assis
34. **Alves & Cia.** – Eça de Queiroz
35. **Uma temporada no inferno** – A. Rimbaud
36. **A corresp. de Fradique Mendes** – Eça de Queiroz
38. **Antologia poética** – Olavo Bilac
39. **O rei Lear** – Shakespeare
40. **Memórias póstumas de Brás Cubas** – M. de Assis
41. **Que loucura!** – Woody Allen
42. **O duelo** – Casanova
44. **Gentiledes** – Darcy Ribeiro
45. **Mem. de um Sarg. de Milícias** – M. A. de Almeida
46. **Os escravos** – Castro Alves
47. **O desejo pego pelo rabo** – Pablo Picasso
48. **Os inimigos** – Máximo Gorki
49. **O colar de veludo** – Alexandre Dumas
50. **Livro dos bichos** – Vários
51. **Quincas Borba** – Machado de Assis
53. **O exército de um homem só** – Moacyr Scliar
54. **Frankenstein** – Mary Shelley
55. **Dom Segundo Sombra** – Ricardo Güiraldes
56. **De vagões e vagabundos** – Jack London
57. **O homem bicentenário** – Isaac Asimov
58. **A viuvinha** – José de Alencar
59. **Livro das cortesãs** – org. de Sergio Faraco
60. **Últimos poemas** – Pablo Neruda
61. **A moreninha** – Joaquim Manuel de Macedo
62. **Cinco minutos** – José de Alencar
63. **Saber envelhecer e a amizade** – Cícero
64. **Enquanto a noite não chega** – J. Guimarães
65. **Tufão** – Joseph Conrad
66. **Aurélia** – Gérard de Nerval
67. **I-Juca-Pirama** – Gonçalves Dias
68. **Fábulas** – Esopo
69. **Teresa Filósofa** – Anônimo do Séc. XVIII
70. **Avent. inéditas de Sherlock Holmes** – A. C. Doyle
71. **Quintana de bolso** – Mario Quintana
72. **Antes e depois** – Paul Gauguin
73. **A morte de Olivier Bécaille** – Émile Zola
74. **Iracema** – José de Alencar
75. **Iaiá Garcia** – Machado de Assis
76. **Utopia** – Tomás Morus
77. **Sonetos para amar o amor** – Camões
78. **Carmem** – Prosper Mérimée
79. **Senhora** – José de Alencar
80. **Hagar, o horrível 1** – Dik Browne
81. **O coração das trevas** – Joseph Conrad
82. **Um estudo em vermelho** – Arthur Conan Doyle
83. **Todos os sonetos** – Augusto dos Anjos
84. **A propriedade é um roubo** – P.-J. Proudhon
85. **Drácula** – Bram Stoker
86. **O marido complacente** – Sade
87. **De profundis** – Oscar Wilde
88. **Sem plumas** – Woody Allen
89. **Os bruzundangas** – Lima Barreto
90. **O cão dos Baskervilles** – Arthur Conan Doyle
91. **Paraísos artificiais** – Charles Baudelaire
92. **Cândido, ou o otimismo** – Voltaire
93. **Triste fim de Policarpo Quaresma** – Lima Barreto
94. **Amor de perdição** – Camilo Castelo Branco
95. **A megera domada** – Shakespeare / trad. Millôr
96. **O mulato** – Aluísio Azevedo
97. **O alienista** – Machado de Assis
98. **O livro dos sonhos** – Jack Kerouac
99. **Noite na taverna** – Álvares de Azevedo
100. **Aura** – Carlos Fuentes
102. **Contos gauchescos e Lendas do sul** – Simões Lopes Neto
103. **O cortiço** – Aluísio Azevedo
104. **Marília de Dirceu** – T. A. Gonzaga
105. **O Primo Basílio** – Eça de Queiroz
106. **O ateneu** – Raul Pompéia
107. **Um escândalo na Boêmia** – Arthur Conan Doyle
108. **Contos** – Machado de Assis
109. **200 Sonetos** – Luís Vaz de Camões
110. **O príncipe** – Maquiavel
111. **A escrava Isaura** – Bernardo Guimarães
112. **O solteirão nobre** – Conan Doyle
114. **Shakespeare de A a Z** – Shakespeare
115. **A relíquia** – Eça de Queiroz
117. **Livro do corpo** – Vários
118. **Lira dos 20 anos** – Álvares de Azevedo
119. **Esaú e Jacó** – Machado de Assis
120. **A barcarola** – Pablo Neruda
121. **Os conquistadores** – Júlio Verne
122. **Contos breves** – G. Apollinaire
123. **Taipi** – Herman Melville

124. **Livro dos desaforos** – org. de Sergio Faraco
125. **A mão e a luva** – Machado de Assis
126. **Doutor Miragem** – Moacyr Scliar
127. **O penitente** – Isaac B. Singer
128. **Diários da descoberta da América** – C.Colombo
129. **Édipo Rei** – Sófocles
130. **Romeu e Julieta** – Shakespeare
131. **Hollywood** – Bukowski
132. **Billy the Kid** – Pat Garrett
133. **Cuca fundida** – Woody Allen
134. **O jogador** – Dostoiévski
135. **O livro da selva** – Rudyard Kipling
136. **O vale do terror** – Arthur Conan Doyle
137. **Dançar tango em Porto Alegre** – S. Faraco
138. **O gaúcho** – Carlos Reverbel
139. **A volta ao mundo em oitenta dias** – J. Verne
140. **O livro dos esnobes** – W. M. Thackeray
141. **Amor & morte em Poodle Springs** – Raymond Chandler & R. Parker
142. **As aventuras de David Balfour** – Stevenson
143. **Alice no país das maravilhas** – Lewis Carroll
144. **A ressurreição** – Machado de Assis
145. **Inimigos, uma história de amor** – I. Singer
146. **O Guarani** – José de Alencar
147. **A cidade e as serras** – Eça de Queiroz
148. **Eu e outras poesias** – Augusto dos Anjos
149. **A mulher de trinta anos** – Balzac
150. **Pomba enamorada** – Lygia F. Telles
151. **Contos fluminenses** – Machado de Assis
152. **Antes de Adão** – Jack London
153. **Intervalo amoroso** – A.Romano de Sant'Anna
154. **Memorial de Aires** – Machado de Assis
155. **Naufrágios e comentários** – Cabeza de Vaca
156. **Ubirajara** – José de Alencar
157. **Textos anarquistas** – Bakunin
159. **Amor de salvação** – Camilo Castelo Branco
160. **O gaúcho** – José de Alencar
161. **O livro das maravilhas** – Marco Polo
162. **Inocência** – Visconde de Taunay
163. **Helena** – Machado de Assis
164. **Uma estação de amor** – Horácio Quiroga
165. **Poesia reunida** – Martha Medeiros
166. **Memórias de Sherlock Holmes** – Conan Doyle
167. **A vida de Mozart** – Stendhal
168. **O primeiro terço** – Neal Cassady
169. **O mandarim** – Eça de Queiroz
170. **Um espinho de marfim** – Marina Colasanti
171. **A ilustre Casa de Ramires** – Eça de Queiroz
172. **Lucíola** – José de Alencar
173. **Antígona** – Sófocles – trad. Donaldo Schüler
174. **Otelo** – William Shakespeare
175. **Antologia** – Gregório de Matos
176. **A liberdade de imprensa** – Karl Marx
177. **Casa de pensão** – Aluísio Azevedo
178. **São Manuel Bueno, Mártir** – Unamuno
179. **Primaveras** – Casimiro de Abreu
180. **O noviço** – Martins Pena
181. **O sertanejo** – José de Alencar
182. **Eurico, o presbítero** – Alexandre Herculano
183. **O signo dos quatro** – Conan Doyle
184. **Sete anos no Tibet** – Heinrich Harrer
185. **Vagamundo** – Eduardo Galeano
186. **De repente acidentes** – Carl Solomon
187. **As minas de Salomão** – Rider Haggar
188. **Uivo** – Allen Ginsberg
189. **A ciclista solitária** – Conan Doyle
190. **Os seis bustos de Napoleão** – Conan Doyle
191. **Cortejo do divino** – Nelida Piñon
194. **Os crimes do amor** – Marquês de Sade
195. **Besame Mucho** – Mário Prata
196. **Tuareg** – Alberto Vázquez-Figueroa
197. **O longo adeus** – Raymond Chandler
199. **Notas de um velho safado** – Bukowski
200. **111 ais** – Dalton Trevisan
201. **O nariz** – Nicolai Gogol
202. **O capote** – Nicolai Gogol
203. **Macbeth** – William Shakespeare
204. **Heráclito** – Donaldo Schüler
205. **Você deve desistir, Osvaldo** – Cyro Martins
206. **Memórias de Garibaldi** – A. Dumas
207. **A arte da guerra** – Sun Tzu
208. **Fragmentos** – Caio Fernando Abreu
209. **Festa no castelo** – Moacyr Sliar
210. **O grande deflorador** – Dalton Trevisan
212. **Homem do príncipio ao fim** – Millôr Fernandes
213. **Aline e seus dois namorados (1)** – A. Iturrusgarai
214. **A juba do leão** – Sir Arthur Conan Doyle
215. **Assassino metido a esperto** – R. Chandler
216. **Confissões de um comedor de ópio** – T.DeQuincey
217. **Os sofrimentos do jovem Werther** – Goethe
218. **Fedra** – Racine / Trad. Millôr Fernandes
219. **O vampiro de Sussex** – Conan Doyle
220. **Sonho de uma noite de verão** – Shakespeare
221. **Dias e noites de amor e de guerra** – Galeano
222. **O Profeta** – Khalil Gibran
223. **Flávia, cabeça, tronco e membros** – M. Fernandes
224. **Guia da ópera** – Jeanne Suhamy
225. **Macário** – Álvares de Azevedo
226. **Etiqueta na prática** – Celia Ribeiro
227. **Manifesto do partido comunista** – Marx & Engels
228. **Poemas** – Millôr Fernandes
229. **Um inimigo do povo** – Henrik Ibsen
230. **O paraíso destruído** – Frei B. de las Casas
231. **O gato no escuro** – Josué Guimarães
232. **O mágico de Oz** – L. Frank Baum
233. **Armas no Cyrano's** – Raymond Chandler
234. **Max e os felinos** – Moacyr Scliar
235. **Nos céus de Paris** – Alcy Cheuiche
236. **Os bandoleiros** – Schiller
237. **A primeira coisa que eu botei na boca** – Deonísio da Silva
238. **As aventuras de Simbad, o marújo**
239. **O retrato de Dorian Gray** – Oscar Wilde
240. **A carteira de meu tio** – J. Manuel de Macedo
241. **A luneta mágica** – J. Manuel de Macedo
242. **A metamorfose** – Kafka
243. **A flecha de ouro** – Joseph Conrad
244. **A ilha do tesouro** – R. L. Stevenson
245. **Marx - Vida & Obra** – José A. Giannotti
246. **Gênesis**
247. **Unidos para sempre** – Ruth Rendell
248. **A arte de amar** – Ovídio
249. **O sono eterno** – Raymond Chandler
250. **Novas receitas do Anonymus Gourmet** – J.A.P.M.

251. **A nova catacumba** – Arthur Conan Doyle
252. **Dr. Negro** – Arthur Conan Doyle
253. **Os voluntários** – Moacyr Scliar
254. **A bela adormecida** – Irmãos Grimm
255. **O príncipe sapo** – Irmãos Grimm
256. **Confissões e Memórias** – H. Heine
257. **Viva o Alegrete** – Sergio Faraco
258. **Vou estar esperando** – R. Chandler
259. **A senhora Beate e seu filho** – Schnitzler
260. **O ovo apunhalado** – Caio Fernando Abreu
261. **O ciclo das águas** – Moacyr Scliar
262. **Millôr Definitivo** – Millôr Fernandes
263.
264. **Viagem ao centro da Terra** – Júlio Verne
265. **A dama do lago** – Raymond Chandler
266. **Caninos brancos** – Jack London
267. **O médico e o monstro** – R. L. Stevenson
268. **A tempestade** – William Shakespeare
269. **Assassinatos na rua Morgue** – E. Allan Poe
270. **99 corruíras nanicas** – Dalton Trevisan
271. **Broquéis** – Cruz e Sousa
272. **Mês de cães danados** – Moacyr Scliar
273. **Anarquistas – vol. 1 – A idéia** – G. Woodcock
274. **Anarquistas – vol. 2 – O movimento** – G. Woodcock
275. **Pai e filho, filho e pai** – Moacyr Scliar
276. **As aventuras de Tom Sawyer** – Mark Twain
277. **Muito barulho por nada** – W. Shakespeare
278. **Elogio da loucura** – Erasmo
279. **Autobiografia de Alice B. Toklas** – G. Stein
280. **O chamado da floresta** – J. London
281. **Uma agulha para o diabo** – Ruth Rendell
282. **Verdes vales do fim do mundo** – A. Bivar
283. **Ovelhas negras** – Caio Fernando Abreu
284. **O fantasma de Canterville** – O. Wilde
285. **Receitas de Yayá Ribeiro** – Celia Ribeiro
286. **A galinha degolada** – H. Quiroga
287. **O último adeus de Sherlock Holmes** – A. Conan Doyle
288. **A. Gourmet em Histórias de cama & mesa** – J. A. Pinheiro Machado
289. **Topless** – Martha Medeiros
290. **Mais receitas do Anonymus Gourmet** – J. A. Pinheiro Machado
291. **Origens do discurso democrático** – D. Schüler
292. **Humor politicamente incorreto** – Nani
293. **O teatro do bem e do mal** – E. Galeano
294. **Garibaldi & Manoela** – J. Guimarães
295. **10 dias que abalaram o mundo** – John Reed
296. **Numa fria** – Bukowski
297. **Poesia de Florbela Espanca** vol. 1
298. **Poesia de Florbela Espanca** vol. 2
299. **Escreva certo** – E. Oliveira e M. E. Bernd
300. **O vermelho e o negro** – Stendhal
301. **Ecce homo** – Friedrich Nietzsche
302. (7). **Comer bem, sem culpa** – Dr. Fernando Lucchese, A. Gourmet e Iotti
303. **O livro de Cesário Verde** – Cesário Verde
305. **100 receitas de macarrão** – S. Lancellotti
306. **160 receitas de molhos** – S. Lancellotti
307. **100 receitas light** – H. e Â. Tonetto
308. **100 receitas de sobremesas** – Celia Ribeiro
309. **Mais de 100 dicas de churrasco** – Leon Diziekaniak
310. **100 receitas de acompanhamentos** – C. Cabeda
311. **Honra ou vendetta** – S. Lancellotti
312. **A alma do homem sob o socialismo** – Oscar Wilde
313. **Tudo sobre Yôga** – Mestre De Rose
314. **Os varões assinalados** – Tabajara Ruas
315. **Édipo em Colono** – Sófocles
316. **Lisístrata** – Aristófanes / trad. Millôr
317. **Sonhos de Bunker Hill** – John Fante
318. **Os deuses de Raquel** – Moacyr Scliar
319. **O colosso de Marússia** – Henry Miller
320. **As eruditas** – Molière / trad. Millôr
321. **Radicci 1** – Iotti
322. **Os Sete contra Tebas** – Ésquilo
323. **Brasil Terra à vista** – Eduardo Bueno
324. **Radicci 2** – Iotti
325. **Júlio César** – William Shakespeare
326. **A carta de Pero Vaz de Caminha**
327. **Cozinha Clássica** – Sílvio Lancellotti
328. **Madame Bovary** – Gustave Flaubert
329. **Dicionário do viajante insólito** – M. Scliar
330. **O capitão saiu para o almoço...** – Bukowski
331. **A carta roubada** – Edgar Allan Poe
332. **É tarde para saber** – Josué Guimarães
333. **O livro de bolso da Astrologia** – Maggy Harrisonx e Mellina Li
334. **1933 foi um ano ruim** – John Fante
335. **100 receitas de arroz** – Aninha Comas
336. **Guia prático do Português correto – vol. 1** – Cláudio Moreno
337. **Bartleby, o escriturário** – H. Melville
338. **Enterrem meu coração na curva do rio** – Dee Brown
339. **Um conto de Natal** – Charles Dickens
340. **Cozinha sem segredos** – J. A. P. Machado
341. **A dama das Camélias** – A. Dumas Filho
342. **Alimentação saudável** – H. e Â. Tonetto
343. **Continhos galantes** – Dalton Trevisan
344. **A Divina Comédia** – Dante Alighieri
345. **A Dupla Sertanojo** – Santiago
346. **Cavalos do amanhecer** – Mario Arregui
347. **Biografia de Vincent van Gogh por sua cunhada** – Jo van Gogh-Bonger
348. **Radicci 3** – Iotti
349. **Nada de novo no front** – E. M. Remarque
350. **A hora dos assassinos** – Henry Miller
351. **Flush – Memórias de um cão** – Virginia Woolf
352. **A guerra no Bom Fim** – M. Scliar
353. (1). **O caso Saint-Fiacre** – Simenon
354. (2). **Morte na alta sociedade** – Simenon
355. (3). **O cão amarelo** – Simenon
356. (4). **Maigret e o homem do banco** – Simenon
357. **As uvas e o vento** – Pablo Neruda
358. **On the road** – Jack Kerouac
359. **O coração amarelo** – Pablo Neruda
360. **Livro das perguntas** – Pablo Neruda
361. **Noite de Reis** – William Shakespeare
362. **Manual de Ecologia** – vol.1 – J. Lutzenberger
363. **O mais longo dos dias** – Cornelius Ryan
364. **Foi bom prá você?** – Nani
365. **Crepusculário** – Pablo Neruda
366. **A comédia dos erros** – Shakespeare
367. (5). **A primeira investigação de Maigret** – Simenon

368(6).**As férias de Maigret** – Simenon
369.**Mate-me por favor (vol.1)** – L. McNeil
370.**Mate-me por favor (vol.2)** – L. McNeil
371.**Carta ao pai** – Kafka
372.**Os vagabundos iluminados** – J. Kerouac
373(7).**O enforcado** – Simenon
374(8).**A fúria de Maigret** – Simenon
375.**Vargas, uma biografia política** – H. Silva
376.**Poesia reunida (vol.1)** – A. R. de Sant'Anna
377.**Poesia reunida (vol.2)** – A. R. de Sant'Anna
378.**Alice no país do espelho** – Lewis Carroll
379.**Residência na Terra 1** – Pablo Neruda
380.**Residência na Terra 2** – Pablo Neruda
381.**Terceira Residência** – Pablo Neruda
382.**O delírio amoroso** – Bocage
383.**Futebol ao sol e à sombra** – E. Galeano
384(9).**O porto das brumas** – Simenon
385(10).**Maigret e seu morto** – Simenon
386.**Radicci 4** – Iotti
387.**Boas maneiras & sucesso nos negócios** – Celia Ribeiro
388.**Uma história Farroupilha** – M. Scliar
389.**Na mesa ninguém envelhece** – J. A. P. Machado
390.**200 receitas inéditas do Anonymus Gourmet** – J. A. Pinheiro Machado
391.**Guia prático do Português correto – vol.2** – Cláudio Moreno
392.**Breviário das terras do Brasil** – Assis Brasil
393.**Cantos Cerimoniais** – Pablo Neruda
394.**Jardim de Inverno** – Pablo Neruda
395.**Antonio e Cleópatra** – William Shakespeare
396.**Tróia** – Cláudio Moreno
397.**Meu tio matou um cara** – Jorge Furtado
398.**O anatomista** – Federico Andahazi
399.**As viagens de Gulliver** – Jonathan Swift
400.**Dom Quixote** – (v. 1) Miguel de Cervantes
401.**Dom Quixote** – (v. 2) Miguel de Cervantes
402.**Sozinho no Pólo Norte** – Thomaz Brandolin
403.**Matadouro 5** – Kurt Vonnegut
404.**Delta de Vênus** – Anaïs Nin
405.**O melhor de Hagar 2** – Dik Browne
406.**É grave Doutor?** – Nani
407.**Orai pornô** – Nani
408(11).**Maigret em Nova York** – Simenon
409(12).**O assassino sem rosto** – Simenon
410(13).**O mistério das jóias roubadas** – Simenon
411.**A irmãzinha** – Raymond Chandler
412.**Três contos** – Gustave Flaubert
413.**De ratos e homens** – John Steinbeck
414.**Lazarilho de Tormes** – Anônimo do séc. XVI
415.**Triângulo das águas** – Caio Fernando Abreu
416.**100 receitas de carnes** – Sílvio Lancellotti
417.**Histórias de robôs: vol. 1** – org. Isaac Asimov
418.**Histórias de robôs: vol. 2** – org. Isaac Asimov
419.**Histórias de robôs: vol. 3** – org. Isaac Asimov
420.**O país dos centauros** – Tabajara Ruas
421.**A república de Anita** – Tabajara Ruas
422.**A carga dos lanceiros** – Tabajara Ruas
423.**Um amigo de Kafka** – Isaac Singer
424.**As alegres matronas de Windsor** – Shakespeare
425.**Amor e exílio** – Isaac Bashevis Singer
426.**Use & abuse do seu signo** – Marília Fiorillo e Marylou Simonsen
427.**Pigmaleão** – Bernard Shaw
428.**As fenícias** – Eurípides
429.**Everest** – Thomaz Brandolin
430.**A arte de furtar** – Anônimo do séc. XVI
431.**Billy Bud** – Herman Melville
432.**A rosa separada** – Pablo Neruda
433.**Elegia** – Pablo Neruda
434.**A garota de Cassidy** – David Goodis
435.**Como fazer a guerra: máximas de Napoleão** – Balzac
436.**Poemas escolhidos** – Emily Dickinson
437.**Gracias por el fuego** – Mario Benedetti
438.**O sofá** – Crébillon Fils
439.**O "Martín Fierro"** – Jorge Luis Borges
440.**Trabalhos de amor perdidos** – W. Shakespeare
441.**O melhor de Hagar 3** – Dik Browne
442.**Os Maias (volume1)** – Eça de Queiroz
443.**Os Maias (volume2)** – Eça de Queiroz
444.**Anti-Justine** – Restif de La Bretonne
445.**Juventude** – Joseph Conrad
446.**Contos** – Eça de Queiroz
447.**Janela para a morte** – Raymond Chandler
448.**Um amor de Swann** – Marcel Proust
449.**À paz perpétua** – Immanuel Kant
450.**A conquista do México** – Hernan Cortez
451.**Defeitos escolhidos e 2000** – Pablo Neruda
452.**O casamento do céu e do inferno** – William Blake
453.**A primeira viagem ao redor do mundo** – Antonio Pigafetta
454(14).**Uma sombra na janela** – Simenon
455(15).**A noite da encruzilhada** – Simenon
456(16).**A velha senhora** – Simenon
457.**Sartre** – Annie Cohen-Solal
458.**Discurso do método** – René Descartes
459.**Garfield em grande forma (1)** – Jim Davis
460.**Garfield está de dieta (2)** – Jim Davis
461.**O livro das feras** – Patricia Highsmith
462.**Viajante solitário** – Jack Kerouac
463.**Auto da barca do inferno** – Gil Vicente
464.**O livro vermelho dos pensamentos de Millôr** – Millôr Fernandes
465.**O livro dos abraços** – Eduardo Galeano
466.**Voltaremos!** – José Antonio Pinheiro Machado
467.**Rango** – Edgar Vasques
468(8).**Dieta mediterrânea** – Dr. Fernando Lucchese e José Antonio Pinheiro Machado
469.**Radicci 5** – Iotti
470.**Pequenos pássaros** – Anaïs Nin
471.**Guia prático do Português correto – vol.3** – Cláudio Moreno
472.**Atire no pianista** – David Goodis
473.**Antologia Poética** – García Lorca
474.**Alexandre e César** – Plutarco
475.**Uma espiã na casa do amor** – Anaïs Nin
476.**A gorda do Tiki Bar** – Dalton Trevisan
477.**Garfield um gato de peso (3)** – Jim Davis
478.**Canibais** – David Coimbra
479.**A arte de escrever** – Arthur Schopenhauer
480.**Pinóquio** – Carlo Collodi
481.**Misto-quente** – Bukowski
482.**A lua na sarjeta** – David Goodis
483.**O melhor do Recruta Zero (1)** – Mort Walker

484. **Aline: TPM – tensão pré-monstrual (2)** – Adão Iturrusgarai
485. **Sermões do Padre Antonio Vieira**
486. **Garfield numa boa (4)** – Jim Davis
487. **Mensagem** – Fernando Pessoa
488. **Vendeta** seguido de **A paz conjugal** – Balzac
489. **Poemas de Alberto Caeiro** – Fernando Pessoa
490. **Ferragus** – Honoré de Balzac
491. **A duquesa de Langeais** – Honoré de Balzac
492. **A menina dos olhos de ouro** – Honoré de Balzac
493. **O lírio do vale** – Honoré de Balzac
494. (17). **A barcaça da morte** – Simenon
495. (18). **As testemunhas rebeldes** – Simenon
496. (19). **Um engano de Maigret** – Simenon
497. (1). **A noite das bruxas** – Agatha Christie
498. (2). **Um passe de mágica** – Agatha Christie
499. (3). **Nêmesis** – Agatha Christie
500. **Esboço para uma teoria das emoções** – Sartre
501. **Renda básica de cidadania** – Eduardo Suplicy
502. (1). **Pílulas para viver melhor** – Dr. Lucchese
503. (2). **Pílulas para prolongar a juventude** – Dr. Lucchese
504. (3). **Desembarcando o diabetes** – Dr. Lucchese
505. (4). **Desembarcando o sedentarismo** – Dr. Fernando Lucchese e Cláudio Castro
506. (5). **Desembarcando a hipertensão** – Dr. Lucchese
507. (6). **Desembarcando o colesterol** – Dr. Fernando Lucchese e Fernanda Lucchese
508. **Estudos de mulher** – Balzac
509. **O terceiro tira** – Flann O'Brien
510. **100 receitas de aves e ovos** – J. A. P. Machado
511. **Garfield em toneladas de diversão (5)** – Jim Davis
512. **Trem-bala** – Martha Medeiros
513. **Os cães ladram** – Truman Capote
514. **O Kama Sutra de Vatsyayana**
515. **O crime do Padre Amaro** – Eça de Queiroz
516. **Odes de Ricardo Reis** – Fernando Pessoa
517. **O inverno da nossa desesperança** – Steinbeck
518. **Piratas do Tietê (1)** – Laerte
519. **Rê Bordosa: do começo ao fim** – Angeli
520. **O Harlem é escuro** – Chester Himes
521. **Café-da-manhã dos campeões** – Kurt Vonnegut
522. **Eugénie Grandet** – Balzac
523. **O último magnata** – F. Scott Fitzgerald
524. **Carol** – Patricia Highsmith
525. **100 receitas de patisseria** – Sílvio Lancellotti
526. **O fator humano** – Graham Greene
527. **Tristessa** – Jack Kerouac
528. **O diamante do tamanho do Ritz** – S. Fitzgerald
529. **As melhores histórias de Sherlock Holmes** – Arthur Conan Doyle
530. **Cartas a um jovem poeta** – Rilke
531. (20). **Memórias de Maigret** – Simenon
532. (4). **O misterioso sr. Quin** – Agatha Christie
533. **Os analectos** – Confúcio
534. (21). **Maigret e os homens de bem** – Simenon
535. (22). **O medo de Maigret** – Simenon
536. **Ascensão e queda de César Birotteau** – Balzac
537. **Sexta-feira negra** – David Goodis
538. **Ora bolas – O humor de Mario Quintana** – Juarez Fonseca
539. **Longe daqui aqui mesmo** – Antonio Bivar
540. (5). **É fácil matar** – Agatha Christie
541. **O pai Goriot** – Balzac
542. **Brasil, um país do futuro** – Stefan Zweig
543. **O processo** – Kafka
544. **O melhor de Hagar 4** – Dik Browne
545. (6). **Por que não pediram a Evans?** – Agatha Christie
546. **Fanny Hill** – John Cleland
547. **O gato por dentro** – William S. Burroughs
548. **Sobre a brevidade da vida** – Sêneca
549. **Geraldão (1)** – Glauco
550. **Piratas do Tietê (2)** – Laerte
551. **Pagando o pato** – Ciça
552. **Garfield de bom humor (6)** – Jim Davis
553. **Conhece o Mário?** vol.1 – Santiago
554. **Radicci 6** – Iotti
555. **Os subterrâneos** – Jack Kerouac
556. (1). **Balzac** – François Taillandier
557. (2). **Modigliani** – Christian Parisot
558. (3). **Kafka** – Gérard-Georges Lemaire
559. (4). **Júlio César** – Joël Schmidt
560. **Receitas da família** – J. A. Pinheiro Machado
561. **Boas maneiras à mesa** – Celia Ribeiro
562. (9). **Filhos sadios, pais felizes** – R. Pagnoncelli
563. (10). **Fatos & mitos** – Dr. Fernando Lucchese
564. **Ménage à trois** – Paula Taitelbaum
565. **Mulheres!** – David Coimbra
566. **Poemas de Álvaro de Campos** – Fernando Pessoa
567. **Medo e outras histórias** – Stefan Zweig
568. **Snoopy e sua turma (1)** – Schulz
569. **Piadas para sempre (1)** – Visconde da Casa Verde
570. **O alvo móvel** – Ross Macdonald
571. **O melhor do Recruta Zero (2)** – Mort Walker
572. **Um sonho americano** – Norman Mailer
573. **Os broncos também amam** – Angeli
574. **Crônica de um amor louco** – Bukowski
575. (5). **Freud** – René Major e Chantal Talagrand
576. (6). **Picasso** – Gilles Plazy
577. (7). **Gandhi** – Christine Jordis
578. **A tumba** – H. P. Lovecraft
579. **O príncipe e o mendigo** – Mark Twain
580. **Garfield, um charme de gato (7)** – Jim Davis
581. **Ilusões perdidas** – Balzac
582. **Esplendores e misérias das cortesãs** – Balzac
583. **Walter Ego** – Angeli
584. **Striptiras (1)** – Laerte
585. **Fagundes: um puxa-saco de mão cheia** – Laerte
586. **Depois do último trem** – Josué Guimarães
587. **Ricardo III** – Shakespeare
588. **Dona Anja** – Josué Guimarães
589. **24 horas na vida de uma mulher** – Stefan Zweig
590. **O terceiro homem** – Graham Greene
591. **Mulher no escuro** – Dashiell Hammett
592. **No que acredito** – Bertrand Russell
593. **Odisséia (1): Telemaquia** – Homero
594. **O cavalo cego** – Josué Guimarães
595. **Henrique V** – Shakespeare
596. **Fabulário geral do delírio cotidiano** – Bukowski
597. **Tiros na noite 1: A mulher do bandido** – Dashiell Hammett
598. **Snoopy em Feliz Dia dos Namorados! (2)** – Schulz
599. **Mas não se matam cavalos?** – Horace McCoy
600. **Crime e castigo** – Dostoiévski

601(7). **Mistério no Caribe** – Agatha Christie
602. **Odisséia (2): Regresso** – Homero
603. **Piadas para sempre (2)** – Visconde da Casa Verde
604. **À sombra do vulcão** – Malcolm Lowry
605(8). **Kerouac** – Yves Buin
606. **E agora são cinzas** – Angeli
607. **As mil e uma noites** – Paulo Caruso
608. **Um assassino entre nós** – Ruth Rendell
609. **Crack-up** – F. Scott Fitzgerald
610. **Do amor** – Stendhal
611. **Cartas do Yage** – William Burroughs e Allen Ginsberg
612. **Striptiras (2)** – Laerte
613. **Henry & June** – Anaïs Nin
614. **A piscina mortal** – Ross Macdonald
615. **Geraldão (2)** – Glauco
616. **Tempo de delicadeza** – A. R. de Sant'Anna
617. **Tiros na noite 2: Medo de tiro** – Dashiell Hammett
618. **Snoopy em Assim é a vida, Charlie Brown! (3)** – Schulz
619. **1954 – Um tiro no coração** – Hélio Silva
620. **Sobre a inspiração poética (Íon) e ...** – Platão
621. **Garfield e seus amigos (8)** – Jim Davis
622. **Odisséia (3): Ítaca** – Homero
623. **A louca matança** – Chester Himes
624. **Factótum** – Bukowski
625. **Guerra e Paz: volume 1** – Tolstói
626. **Guerra e Paz: volume 2** – Tolstói
627. **Guerra e Paz: volume 3** – Tolstói
628. **Guerra e Paz: volume 4** – Tolstói
629(9). **Shakespeare** – Claude Mourthé
630. **Bem está o que bem acaba** – Shakespeare
631. **O contrato social** – Rousseau
632. **Geração Beat** – Jack Kerouac
633. **Snoopy: É Natal! (4)** – Charles Schulz
634(8). **Testemunha da acusação** – Agatha Christie
635. **Um elefante no caos** – Millôr Fernandes
636. **Guia de leitura (100 autores que você precisa ler)** – Organização de Léa Masina
637. **Pistoleiros também mandam flores** – David Coimbra
638. **O prazer das palavras** – vol. 1 – Cláudio Moreno
639. **O prazer das palavras** – vol. 2 – Cláudio Moreno
640. **Novíssimo testamento: com Deus e o diabo, a dupla da criação** – Iotti
641. **Literatura Brasileira: modos de usar** – Luís Augusto Fischer
642. **Dicionário de Porto-Alegrês** – Luís A. Fischer
643. **Clô Dias & Noites** – Sérgio Jockymann
644. **Memorial de Isla Negra** – Pablo Neruda
645. **Um homem extraordinário e outras histórias** – Tchékhov
646. **Ana sem terra** – Alcy Cheuiche
647. **Adultérios** – Woody Allen
648. **Para sempre ou nunca mais** – R. Chandler
649. **Nosso homem em Havana** – Graham Greene
650. **Dicionário Caldas Aulete de Bolso**
651. **Snoopy: Posso fazer uma pergunta, professora? (5)** – Charles Schulz
652(10). **Luís XVI** – Bernard Vincent
653. **O mercador de Veneza** – Shakespeare
654. **Cancioneiro** – Fernando Pessoa
655. **Non-Stop** – Martha Medeiros
656. **Carpinteiros, levantem bem alto a cumeeira & Seymour, uma apresentação** – J.D. Salinger
657. **Ensaios céticos** – Bertrand Russell
658. **O melhor de Hagar 5** – Dik e Chris Browne
659. **Primeiro amor** – Ivan Turguêniev
660. **A trégua** – Mario Benedetti
661. **Um parque de diversões da cabeça** – Lawrence Ferlinghetti
662. **Aprendendo a viver** – Sêneca
663. **Garfield, um gato em apuros (9)** – Jim Davis
664. **Dilbert 1** – Scott Adams
665. **Dicionário de dificuldades** – Domingos Paschoal Cegalla
666. **A imaginação** – Jean-Paul Sartre
667. **O ladrão e os cães** – Naguib Mahfuz
668. **Gramática do português contemporâneo** – Celso Cunha
669. **A volta do parafuso** *seguido de* **Daisy Miller** – Henry James
670. **Notas do subsolo** – Dostoiévski
671. **Abobrinhas da Brasilônia** – Glauco
672. **Geraldão (3)** – Glauco
673. **Piadas para sempre (3)** – Visconde da Casa Verde
674. **Duas viagens ao Brasil** – Hans Staden
675. **Bandeira de bolso** – Manuel Bandeira
676. **A arte da guerra** – Maquiavel
677. **Além do bem e do mal** – Nietzsche
678. **O coronel Chabert** *seguido de* **A mulher abandonada** – Balzac
679. **O sorriso de marfim** – Ross Macdonald
680. **100 receitas de pescados** – Sílvio Lancellotti
681. **O juiz e seu carrasco** – Friedrich Dürrenmatt
682. **Noites brancas** – Dostoiévski
683. **Quadras ao gosto popular** – Fernando Pessoa
684. **Romanceiro da Inconfidência** – Cecília Meireles
685. **Kaos** – Millôr Fernandes
686. **A pele de onagro** – Balzac
687. **As ligações perigosas** – Choderlos de Laclos
688. **Dicionário de matemática** – Luiz Fernandes Cardoso
689. **Os Lusíadas** – Luís Vaz de Camões
690(11). **Átila** – Éric Deschodt
691. **Um jeito tranqüilo de matar** – Chester Himes
692. **A felicidade conjugal** *seguido de* **O diabo** – Tolstói
693. **Viagem de um naturalista ao redor do mundo** – vol. 1 – Charles Darwin
694. **Viagem de um naturalista ao redor do mundo** – vol. 2 – Charles Darwin
695. **Memórias da casa dos mortos** – Dostoiévski
696. **A Celestina** – Fernando de Rojas
697. **Snoopy: Como você é azarado, Charlie Brown! (6)** – Charles Schulz
698. **Dez (quase) amores** – Claudia Tajes
699(9). **Poirot sempre espera** – Agatha Christie
700. **Cecília de bolso** – Cecília Meireles
701. **Apologia de Sócrates** *precedido de* **Êutifron e** *seguido de* **Críton** – Platão
702. **Wood & Stock** – Angeli
703. **Striptiras (3)** – Laerte

704. **Discurso sobre a origem e os fundamentos da desigualdade entre os homens** – Rousseau
705. **Os duelistas** – Joseph Conrad
706. **Dilbert (2)** – Scott Adams
707. **Viver e escrever** (vol. 1) – Edla van Steen
708. **Viver e escrever** (vol. 2) – Edla van Steen
709. **Viver e escrever** (vol. 3) – Edla van Steen
710(10). **A teia da aranha** – Agatha Christie
711. **O banquete** – Platão
712. **Os belos e malditos** – F. Scott Fitzgerald
713. **Libelo contra a arte moderna** – Salvador Dalí
714. **Akropolis** – Valerio Massimo Manfredi
715. **Devoradores de mortos** – Michael Crichton
716. **Sob o sol da Toscana** – Frances Mayes
717. **Batom na cueca** – Nani
718. **Vida dura** – Claudia Tajes
719. **Carne trêmula** – Ruth Rendell
720. **Cris, a fera** – David Coimbra
721. **O anticristo** – Nietzsche
722. **Como um romance** – Daniel Pennac
723. **Emboscada no Forte Bragg** – Tom Wolfe
724. **Assédio sexual** – Michael Crichton
725. **O espírito do Zen** – Alan W.Watts
726. **Um bonde chamado desejo** – Tennessee Williams
727. **Como gostais** *seguido de* **Conto de inverno** – Shakespeare
728. **Tratado sobre a tolerância** – Voltaire
729. **Snoopy: Doces ou travessuras? (7)** – Charles Schulz
730. **Cardápios do Anonymous Gourmet** – J.A. Pinheiro Machado
731. **100 receitas com lata** – J.A. Pinheiro Machado
732. **Conhece o Mário?** vol.2 – Santiago
733. **Dilbert (3)** – Scott Adams
734. **História de um louco amor** *seguido de* **Passado amor** – Horacio Quiroga
735(11). **Sexo: muito prazer** – Laura Meyer da Silva
736(12). **Para entender o adolescente** – Dr. Ronald Pagnoncelli
737(13). **Desembarcando a tristeza** – Dr. Fernando Lucchese
738. **Poirot e o mistério da arca espanhola & outras histórias** – Agatha Christie
739. **A última legião** – Valerio Massimo Manfredi
740. **As virgens suicidas** – Jeffrey Eugenides
741. **Sol nascente** – Michael Crichton
742. **Duzentos ladrões** – Dalton Trevisan
743. **Os devaneios do caminhante solitário** – Rousseau
744. **Garfield, o rei da preguiça (10)** – Jim Davis
745. **Os magnatas** – Charles R. Morris
746. **Pulp** – Charles Bukowski
747. **Enquanto agonizo** – William Faulkner
748. **Aline: viciada em sexo (3)** – Adão Iturrusgarai
749. **A dama do cachorrinho** – Anton Tchékhov
750. **Tito Andrônico** – Shakespeare
751. **Antologia poética** – Anna Akhmátova
752. **O melhor de Hagar 6** – Dik e Chris Browne
753(12). **Michelangelo** – Nadine Sautel
754. **Dilbert (4)** – Scott Adams
755. **O jardim das cerejeiras** *seguido de* **Tio Vânia** – Tchékhov
756. **Geração Beat** – Claudio Willer
757. **Santos Dumont** – Alcy Cheuiche
758. **Budismo** – Claude B. Levenson
759. **Cleópatra** – Christian-Georges Schwentzel
760. **Revolução Francesa** – Frédéric Bluche, Stéphane Rials e Jean Tulard
761. **A crise de 1929** – Bernard Gazier
762. **Sigmund Freud** – Edson Sousa e Paulo Endo
763. **Império Romano** – Patrick Le Roux
764. **Cruzadas** – Cécile Morrisson
765. **O mistério do Trem Azul** – Agatha Christie
766. **Os escrúpulos de Maigret** – Simenon
767. **Maigret se diverte** – Simenon
768. **Senso comum** – Thomas Paine
769. **O parque dos dinossauros** – Michael Crichton
770. **Trilogia da paixão** – Goethe
771. **A simples arte de matar** (vol.1) – R. Chandler
772. **A simples arte de matar** (vol.2) – R. Chandler
773. **Snoopy: No mundo da lua! (8)** – Charles Schulz
774. **Os Quatro Grandes** – Agatha Christie
775. **Um brinde de cianureto** – Agatha Christie
776. **Súplicas atendidas** – Truman Capote
777. **Ainda restam aveleiras** – Simenon
778. **Maigret e o ladrão preguiçoso** – Simenon
779. **A viúva imortal** – Millôr Fernandes
780. **Cabala** – Roland Goetschel
781. **Capitalismo** – Claude Jessua
782. **Mitologia grega** – Pierre Grimal
783. **Economia: 100 palavras-chave** – Jean-Paul Betbèze
784. **Marxismo** – Henri Lefebvre
785. **Punição para a inocência** – Agatha Christie
786. **A extravagância do morto** – Agatha Christie
787(13). **Cézanne** – Bernard Fauconnier
788. **A identidade Bourne** – Robert Ludlum
789. **Da tranquilidade da alma** – Sêneca
790. **Um artista da fome** *seguido de* **Na colônia penal e outras histórias** – Kafka
791. **Histórias de fantasmas** – Charles Dickens
792. **A louca de Maigret** – Simenon
793. **O amigo de infância de Maigret** – Simenon
794. **O revólver de Maigret** – Simenon
795. **A fuga do sr. Monde** – Simenon
796. **O Uraguai** – Basílio da Gama
797. **A mão misteriosa** – Agatha Christie
798. **Testemunha ocular do crime** – Agatha Christie
799. **Crepúsculo dos ídolos** – Friedrich Nietzsche
800. **Maigret e o negociante de vinhos** – Simemon
801. **Maigret e o mendigo** – Simenon
802. **O grande golpe** – Dashiell Hammett
803. **Humor barra pesada** – Nani
804. **Vinho** – Jean-François Gautier
805. **Egito Antigo** – Sophie Desplancques
806(14). **Baudelaire** – Jean-Baptiste Baronian
807. **Caminho da sabedoria, caminho da paz** – Dalai Lama e Felizitas von Schönborn
808. **Senhor e servo e outras histórias** – Tolstói
809. **Os cadernos de Malte Laurids Brigge** – Rilke
810. **Dilbert (5)** – Scott Adams
811. **Big Sur** – Jack Kerouac
812. **Seguindo a correnteza** – Agatha Christie
813. **O álibi** – Sandra Brown
814. **Montanha-russa** – Martha Medeiros
815. **Coisas da vida** – Martha Medeiros

816. **A cantada infalível** *seguido de* **A mulher do centroavante** – David Coimbra
817. **Maigret e os crimes do cais** – Simenon
818. **Sinal vermelho** – Simenon
819. **Snoopy: Pausa para a soneca (9)** – Charles Schulz
820. **De pernas pro ar** – Eduardo Galeano
821. **Tragédias gregas** – Pascal Thiercy
822. **Existencialismo** – Jacques Colette
823. **Nietzsche** – Jean Granier
824. **Amar ou depender?** – Walter Riso
825. **Darmapada: A doutrina budista em versos**
826. **J'Accuse...! – a verdade em marcha** – Zola
827. **Os crimes ABC** – Agatha Christie
828. **Um gato entre os pombos** – Agatha Christie
829. **Maigret e o sumiço do sr. Charles** – Simenon
830. **Maigret e a morte do jogador** – Simenon
831. **Dicionário de teatro** – Luiz Paulo Vasconcellos
832. **Cartas extraviadas** – Martha Medeiros
833. **A longa viagem de prazer** – J. J. Morosoli
834. **Receitas fáceis** – J. A. Pinheiro Machado
835. (14).**Mais fatos & mitos** – Dr. Fernando Lucchese
836. (15).**Boa viagem!** – Dr. Fernando Lucchese
837. **Aline: Finalmente nua!!! (4)** – Adão Iturrusgarai
838. **Mônica tem uma novidade!** – Mauricio de Sousa
839. **Cebolinha em apuros!** – Mauricio de Sousa
840. **Sócios no crime** – Agatha Christie
841. **Bocas do tempo** – Eduardo Galeano
842. **Orgulho e preconceito** – Jane Austen
843. **Impressionismo** – Dominique Lobstein
844. **Escrita chinesa** – Viviane Alleton
845. **Paris: uma história** – Yvan Combeau
846. (15).**Van Gogh** – David Haziot
847. **Maigret e o corpo sem cabeça** – Simenon
848. **Portal do destino** – Agatha Christie
849. **O futuro de uma ilusão** – Freud
850. **O mal-estar na cultura** – Freud
851. **Maigret e o matador** – Simenon
852. **Maigret e o fantasma** – Simenon
853. **Um crime adormecido** – Agatha Christie
854. **Satori em Paris** – Jack Kerouac
855. **Medo e delírio em Las Vegas** – Hunter Thompson
856. **Um negócio fracassado e outros contos de humor** – Tchékhov
857. **Mônica está de férias!** – Mauricio de Sousa
858. **De quem é esse coelho?** – Mauricio de Sousa
859. **O burgomestre de Furnes** – Simenon
860. **O mistério Sittaford** – Agatha Christie
861. **Manhã transfigurada** – Luiz Antonio de Assis Brasil
862. **Alexandre, o Grande** – Pierre Briant
863. **Jesus** – Charles Perrot
864. **Islã** – Paul Balta
865. **Guerra da Secessão** – Farid Ameur
866. **Um rio que vem da Grécia** – Cláudio Moreno
867. **Maigret e os colegas americanos** – Simenon
868. **Assassinato na casa do pastor** – Agatha Christie
869. **Manual do líder** – Napoleão Bonaparte
870. (16).**Billie Holiday** – Sylvia Fol
871. **Bidu arrasando!** – Mauricio de Sousa
872. **Desventuras em família** – Mauricio de Sousa
873. **Liberty Bar** – Simenon
874. **E no final a morte** – Agatha Christie
875. **Guia prático do Português correto – vol. 4** – Cláudio Moreno
876. **Dilbert (6)** – Scott Adams
877. (17).**Leonardo da Vinci** – Sophie Chauveau
878. **Bella Toscana** – Frances Mayes
879. **A arte da ficção** – David Lodge
880. **Striptiras (4)** – Laerte
881. **Skrotinhos** – Angeli
882. **Depois do funeral** – Agatha Christie
883. **Radicci 7** – Iotti
884. **Walden** – H. D. Thoreau
885. **Lincoln** – Allen C. Guelzo
886. **Primeira Guerra Mundial** – Michael Howard
887. **A linha de sombra** – Joseph Conrad
888. **O amor é um cão dos diabos** – Bukowski
889. **Maigret sai em viagem** – Simenon
890. **Despertar: uma vida de Buda** – Jack Kerouac
891. (18).**Albert Einstein** – Laurent Seksik
892. **Hell's Angels** – Hunter Thompson
893. **Ausência na primavera** – Agatha Christie
894. **Dilbert (7)** – Scott Adams
895. **Ao sul de lugar nenhum** – Bukowski
896. **Maquiavel** – Quentin Skinner
897. **Sócrates** – C.C.W. Taylor
898. **A casa do canal** – Simenon
899. **O Natal de Poirot** – Agatha Christie
900. **As veias abertas da América Latina** – Eduardo Galeano

Livros de Agatha Christie na Coleção **L&PM** POCKET:

Assassinato na casa do pastor
Um brinde de cianureto
Um crime adormecido
Os crimes ABC
Depois do funeral
É fácil matar
E no final a morte
A extravagância do morto
Um gato entre os pombos
A mão misteriosa
O mistério do Trem Azul
Mistério no Caribe
O mistério Sittaford
O misterioso sr. Quin
Nêmesis
A noite das bruxas
Um passe de mágica
Poirot e o mistério da arca espanhola e outras histórias
Poirot perde uma cliente
Poirot sempre espera e outras histórias
Por que não pediram a Evans?
Portal do destino
Punição para a inocência
Os Quatro Grandes
Seguindo a correnteza
Sócios no crime
A teia da aranha
Testemunha da acusação e outras peças
Testemunha ocular do crime
Os trabalhos de Hércules

UMA SÉRIE COM MUITA
HISTÓRIA PRA CONTAR

Geração Beat | Santos Dumont | Paris: uma história | Nietzsche
Jesus | Revolução Francesa | A crise de 1929 | Sigmund Freud
Império Romano | Cruzadas | Cabala | Capitalismo | Cleópatra
Mitologia grega | Marxismo | Vinho | Egito Antigo | Islã | Lincoln
Tragédias gregas | Primeira Guerra Mundial | Existencialismo
Escrita chinesa | Alexandre, o Grande | Guerra da Secessão
Economia: 100 palavras-chave | Budismo | Impressionismo

Próximos lançamentos:
Cérebro | Sócrates
China moderna | Keynes
Maquiavel | Rousseau | Kant
Teoria quântica | Relatividade
Jung | Dinossauros | Memória
História da medicina
História da vida

L&PM POCKET ENCYCLOPAEDIA
Conhecimento na medida certa

IMPRESSÃO:

GRÁFICA EDITORA Pallotti
IMAGEM DE QUALIDADE

Santa Maria - RS - Fone/Fax: (55) 3220.4500
www.pallotti.com.br